职业教育会展专业规划教材

会展营销实务

主　编：周文雯　盛　蔚
主　审：王春雷　沈　卫
参　编：李　晓　秦国萍　冯江华　宁　锋
　　　　程　睿　梁　帅　胡明松　王　峰

中国海洋大学出版社
·青岛·

图书在版编目（CIP）数据

会展营销实务 / 周文雯，盛蔚主编. — 青岛：中国海洋大学出版社，2020.11

ISBN 978-7-5670-2640-7

Ⅰ. ①会… Ⅱ. ①周… ②盛… Ⅲ. ①展览会—市场营销学—中等专业学校—教材 Ⅳ. ①G245

中国版本图书馆 CIP 数据核字（2020）第 224518 号

出版发行 中国海洋大学出版社
社　　址 青岛市香港东路 23 号　　邮政编码 266071
出 版 人 杨立敏
策 划 人 王　炬
网　　址 http://pub.ouc.edu.cn
电子信箱 tushubianjibu@126.com
订购电话 021-51085016
责任编辑 由元春　　电　　话 0532-85902495
印　　制 上海万卷印刷股份有限公司
版　　次 2020 年 12 月第 1 版
印　　次 2020 年 12 月第 1 次印刷
成品尺寸 210 mm×285 mm
印　　张 12
字　　数 338 千
印　　数 1～3000
定　　价 68.00 元

PREFACE 前言

会展营销实务是会展专业的一门专业核心课程。本教材的编写依据中高职教育贯通会展策划与管理专业教学标准，同时参考上海市中职会展服务与管理专业教学标准，内容涵盖会展营销工作岗位的相关内容与要求，着重使学生掌握会展营销的基本知识和基本职业能力，并注重吸收现代会展业的营销新理念、新技术和新方法。

本教材的开发思路是以学生的会展营销职业活动实践为核心，以工作过程所涉及的工作项目为主线，针对每个项目教学制定了明确的学习目标，并将该活动所涉及的知识与技能有机结合。本教材的开发有利于学生会展专业能力的培养，有利于学生会展职业素质的形成，体现实践性，有助于加深学生对相关理论知识、技能的理解，也有利于学生职业综合能力的培养。

本教材突出职业教育的人才培养特点，力求体现以下特色：

第一，以项目和模块的形式架构教材框架。本教材内容体系根据会展营销岗位需求，针对会议、展览、节事、会展场地、参展商这五种类型的营销主体，组合了走近会展营销、会议营销、展览营销、节事营销、场地营销、企业参展营销六个工作项目，设计有 15 个模块。建议学时为 90 学时。

第二，以真实会展营销工作流程设计教学内容。本教材从模拟真实的会展营销工作流程入手，基本涵盖了会展营销环境分析、目标市场定位、产品策略、价格策略、渠道策略、促销策略、品牌推广等市场营销经典知识体系在会展行业的理解和应用，并围绕培训会议、图书博览会、美食节、广告展等项目的运作，加深学生对于专业理论的认知和把握，逐步提升学生的会展营销工作技能和素养。

第三，以图文并茂和递进式工作任务突出趣味性、知识性和应用性。本教材以卡通思维导图导学项目，以“情境呈现”引领模块，以对应的工作流程图和丰富的图表充实工作任务，帮助学生厘清知识脉络。各工作任务层层递进，贯穿“任务描述”“任务分析”“任务实施”“任务拓展”“任务检测”五个步骤，并以“我来学”“我来试”“我来练”为线索展开学习。利用教材中的“小贴士”栏目，拓宽学生的专业知识面，进一步认知会展营销工作。教材中还融入了中外经典的会展活动案例，既有利于教师教学使用，又有助于学生自主学习。

第四，植入二维码，配套数字教材，创新学习模式。本教材还配套开发了数字教材，提供有大量图片、动画、视频、实例等学习资源，并将 34 个原创动画微课二维码植入纸质教材（列表见附录），以丰富的多媒体技术手段进行知识的全面学习与呈现。学习者可以借助手机、电脑等移动终端设备进行在线互动学习，获得可视化的、交互式的、多感官的以及个性化的全新学习体验。

本教材由上海市曹杨职业技术学校和上海电子信息职业技术学院共同组稿，是上海市中高职教育贯通高水平专业（会展策划与管理）建设项目成果。参与本教材编写的人员均为会展专业的一线教师，具有较为丰富的教学实践经验。周文雯和盛蔚负责教材的统稿、校对、修改与定稿工作；秦国萍、冯汇华编写项目一，梁帅、宁锋编写项目二，周文雯编写项目三，盛蔚编写项目四，胡明松、王峰编写项目五，李晓、程睿编写项目六。在教材编写过程中，上海对外经贸大学会展系主任王春雷教授、上海国际展运有限公司副总经理沈卫、上海现代国际展览有限公司人力资源部经理薛莉莉等行业专家为教材编写提供了案例，提出了建设性的意见并参与了书稿的审稿和校对等工作。同时，编者还得到了所在单位领导、同事的大力支持，在此一并表示感谢！

本书可作为职业院校会展、旅游类专业及其他相关专业的教材，也可供会展、旅游、市场营销等从业人员学习和参考使用。

由于编者的水平和时间所限，教材难免有不妥之处，敬请广大读者和专业人士给予指正！

编者

2020 年 3 月

目录 CONTENTS

项目一　走近会展营销

项目二　会议营销

项目三　展览营销

项目四　节事营销

项目五　场地营销

项目六　企业参展营销

项目一

走近会展营销

导学

模块一　会展营销认知

学习目标

1. 能简述市场、市场营销的含义。
2. 能列举市场营销的手段。
3. 能简述市场营销的渠道。
4. 能简述会展市场的含义并对其进行分类。
5. 能简述会展营销的含义。
6. 会分辨会展营销的主体。

情境呈现

喜欢动漫的人越来越多，与动漫有关的商业行为也越来越丰富。落户于浙江杭州的中国国际动漫节由国家新闻出版广电总局、浙江省人民政府主办，是唯一一个国家级的动漫专业节展，已成为国家重点支持的文化会展项目之一。从 2005 年至今，该项目已连续举办了十四届，成为规模最大、人气最旺、影响最广的动漫盛会之一。

捷通会展有限公司是一家以提供会展策划服务、展示设计制作为主的专业公司。公司员工以年轻人为主，团队富有活力，立志在不断发展的动漫展领域有所作为。捷通会展有限公司与明扬职业技术学校成功启动校企合作。

任务一　认识市场营销

任务描述

张铭是明扬职业技术学校会展专业二年级学生，本学期将有两周时间在捷通会展有限公司实习。捷通会展有限公司人力资源部经理陈佐是他的指导老师，张铭将和陈老师一起作为展览的工作人员参加中国国际动漫节。在此之前，陈老师要求他先整体了解中国动漫市场，并针对市场环境进行分析考察，同时参照往年展会，分析本次动漫节的主要营销手段。

任务分析

张铭在一年级时学习过会展基础课程，对会展有初步的认识，但平时只听说过“销售”，而对“营销”这个词却很陌生，怎样完成这份作业呢？张铭感觉无从着手。陈佐老师了解情况后，建议他先通过书籍、网络等查找资料，了解市场的概念，理解市场营销的内涵，学习一下市场营销的新手段有哪些，再来看看本届展会中参展商运用了哪些有效的手段，相比过去的营销手段有什么变化，如图 1-1-1 所示。

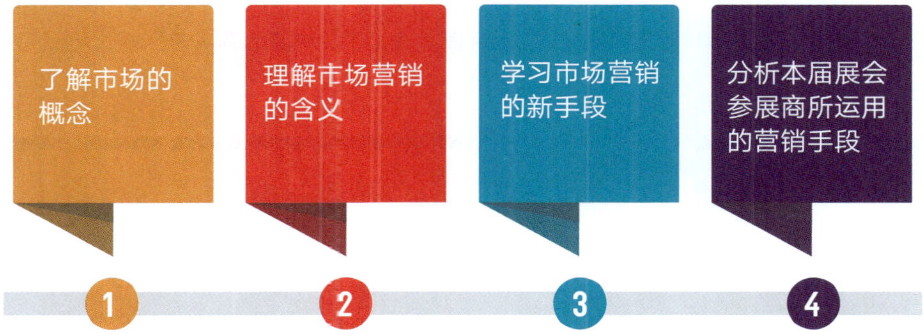
了解市场的概念
理解市场营销的含义
学习市场营销的新手段
分析本届展会参展商所运用的营销手段
1
2
3
4

图 1-1-1　市场营销的认识过程

任务实施

我来学 Let's learn

认识市场营销

一、市场

市场可以指商品交换的场所，也就是买卖双方发生交易的地点或地区；也可以指商品流通的领域，反映商品流通的全局，是交换关系的总和；还可以指商品供求双方的力量相互作用的总和。

营销学上通常是从卖方的角度来理解和运用“市场”这一概念的。现代营销学之父——菲利普·科特勒教授曾对市场下过这样的定义：“市场是由所有潜在客户组成的。这些客户具有一个共同的特殊需求和欲望，并愿意和有能力进行交换以满足这种需求和欲望。”由此可见，形成市场必须具备三个要素：首先是消费主体，也就是购买商品或服务的消费者和各类社会组织的总和；其次是消费客体，也就是具有能够满足消费者某种需要的一定量的商品或服务，是消费主体所指向的对象；最后是有效需求，也就是愿意并有支付能力的购买需求。

根据不同的分类标准，市场可以划分为不同的类型。例如，按照购买者身份，市场可以分为消费者市场、生产商市场、中间商市场和政府市场等；按照企业的角色，市场可以分为购买市场和销售市场；按照交易对象的最终用途，市场可以分为生产资料市场和生活资料市场；按照交易对象是否有物质实体，市场可以分为有形市场和无形市场等。

在市场经济高度发达的今天，大多数的经济体都是买方市场，这就需要人们在全新的营销理念的指引下，运用灵活多样的营销手段更好地实现销售目标。

小贴士

买方市场和卖方市场

买方市场，是指供给大于需求、商品价格有下降趋势，买方在交易上处于有利地位的市场。在买方市场上，商品供给过剩，卖方之间竞相抛售，价格呈下降趋势；买方在交易上处于主动地位，有任意选择商品的主动权。

卖方市场，是指供给小于需求、商品价格有上涨趋势，卖方在交易上处于有利地位的市场。在卖方市场上，商品供给量少，由于供不应求而不能满足市场的需求，即使商品质次价高也能被销售出去，商品价格呈上涨趋势。这时，买方对商品没有选择的主动权；卖方只关心产品数量，很少考虑市场需求，卖方在交易上处于主动地位。

二、市场营销的含义

菲利普·科特勒认为，营销是个人和集体通过创造并同他人交换产品和价值以满足需求和欲望的一种社会管理过程，也就是说，在满足消费者利益的基础上研究怎样适应市场的需求从而提供相应的商品或服务。市场营销是指一个企业为适应和满足消费者的需求，从产品开发、定价、宣传推广到产品从生产者送达消费者，再将消费者的意见反馈回企业的整体企业活动。在市场营销观念下的市场营销活动，不仅包括销售，而且同时包括了市场调查、新产品开发、广告活动以及售后服务等。

三、市场营销的核心概念

（一）需要、欲望和需求

需要、欲望和需求是现代市场营销思想的基本出发点，是市场营销存在的基础。

需要是指人们的基本需求没有得到满足的感受状态。比如人们为了生存，需要食物、衣服、房屋等。人在不同阶段会产生不同的需要，美国心理学家亚伯拉罕·马斯洛把人类的需要按从低到高的层次分为了生理的需要、安全的需要、社交的需要、尊重的需要和自我实现的需要，这些需要并不是社会和营销者所能创造的，而是存在于人自身的生理机能和情感条件中的。

欲望是指人们为了满足他们的需要而想得到这些具体的满足物的愿望。不同生活背景下人们的欲望有所不同，同样是对食物的欲求，中国北方人会指向包子、馒头等面食，南方人会指向大米饭，而美国人则会指向汉堡包。人的欲望的形成往往会受家庭、职业等多种因素的影响，并随着社会条件的变化而变化。同样是满足穿的需要，有的人仅需要穿暖，而有的人则会对衣服的面料、款式甚至品牌产生不同的欲望，这样的例子不胜枚举。

需求是指人们有能力购买并且愿意购买某个具体产品的欲望，换言之，需求必须有两个条件：购买意愿和支付能力，需求 = 购买意愿 + 支付能力。有支付能力而没有购买意愿，或者有购买意愿而没有支付能力都不能构成有效需求。因此，对企业来说，不仅要了解自己的产品有多少人喜欢，更要了解到底有多少人有购买的能力并愿意购买。只有有人愿意并有能力购买，才构成现实的需求。

（二）产品

产品是任何可以用来满足人们某种需要或者欲望的东西。产品可以是有形的实物，也可以是无形的服务、技术，甚至是创意和思想等，只要它能满足组织或个人的需求和欲望就可以称之为产品。产品的价值与社会必要劳动时间有关。一般来说，凝结在产品中的人类劳动越多，产品的价值也就越高，反映在货币表现上，其价格也越高。但从营销学的角度来看，除了社会必要劳动时间以外，产品的价格还取决于顾客对产品的满意程度。一件新款时装在刚刚进入市场时的价格和在季末清仓时的价格差异是非常大的，尽管它凝聚着相同的人类劳动，但由于它带给消费者的时尚感受度是完全不同的，所以其价格也必然有很大的差异。

（三）顾客价值和顾客满意

顾客价值是指顾客从拥有、使用某产品中所获得的价值和为取得该产品所付出的成本的差额，其中的价值包括产品价值、服务价值、人员价值和形象价值等，而成本则包括货币成本、时间成本、精力成本和体力成本等。人们在购买产品时不仅仅会考虑产品的效用，还会考虑为了取得这种效用而付出的代价是否值得。当人们认为付出的代价是值得的，那么价格昂贵也在所不惜，反之，当人们认为是不值得的，即便产品再便宜，也不会购买。因此，站在消费者的角度研究消费者的心理，对一个营销者来说也是十分重要的。

顾客满意是指一个人通过对一个产品的可感知效果与他的期望值相比较后所形成的愉悦或失望的感觉状态。当商品的实际消费效果达到顾客的预期时，顾客的心理感受就是满意的，反之则是不满意的。对于企业而言，顾客满意有助于通过顾客的口碑扩大产品的知名度，提高企业的形象，从而为企业的长远发展不断注入新的活力。这就是为什么企业会提出“顾客是上帝”这一理念的原因了。

四、市场营销的主要内容

（一）营销组合

企业可以控制的开拓市场的因素有很多，最经典的是由美国密歇根大学杰罗姆·麦卡锡（E.Jerome McCarthy）教授提出的以4Ps为核心的营销组合方法，即产品（Product）、价格（Price）、渠道（Place）、促销（Promotion），再加上策略（Strategy），所以简称为“4Ps”。

（1）产品：注重开发的功能，要求产品有独特的卖点，把产品的功能诉求放在第一位。

（2）价格：根据不同的市场定位，制定不同的价格策略。产品的定价依据是企业的品牌战略，注重品牌的含金量。常用的定价策略有新产品定价策略、折扣定价策略、心理定价策略和地理定价策略等。

（3）渠道：企业并不直接面对消费者，而是注重经销商的培育和销售网络的建立。企业与消费者的联系是通过分销商来进行的。

① 垂直渠道。

传统的渠道系统是渠道成员彼此独立存在，各自追求自身利益的最大化，所以可能因此而损害整个渠道的整体利益。垂直渠道系统是在传统渠道的基础上发展起来的，渠道的各个成员以所有权、特许权或其他力量联合起来，从而实现节约成本、提高效益的目的。

② 水平渠道。

水平渠道是指同一层次上两家或两家以上的渠道成员联合，共同开拓新的市场机会，将资本、生产能力或营销资源进行密切合作，从而可以实现自家经营时所达不到的销售成绩。

③ 多元渠道。

生产商将产品通过两个或两个以上的分销渠道系统与同一细分市场接触，就形成了多元渠道系统。多元渠道从每一种渠道都能得到销售收入，但由于不同的渠道面对的是同一市场，因而会发生渠道间的利益冲突问题。

④ 网络营销渠道。

网络营销渠道是通过国际互联网展开营销的一种渠道形式，既可以为顾客带来便利，还可以为顾客带来产品的信息。顾客可以在任何时候从网上订购商品，不用出门就可以送货到家。对于目前生活在快节奏的都市消费群体来说，这是一种最方便的购物方式。这种渠道形式成本费用低，随着互联网的普及，越来越多的网民开始喜欢网上购物，并且网购群体的年龄已经不再限于年轻人，老年人也慢慢地开始网上购物。

因此，网络营销渠道是现代营销中最火热的一种营销渠道形式。

目前越来越多的公司在网上建立了网页，用于介绍自己的产品和企业、接受客户的订单，从而形成了企业的电子商务系统。另外，还可以在网上建立论坛、新闻版块和公告系统，使企业的信息及时传送到市场上。

企业还可以利用网络在网上做广告。企业也可以通过电子邮件的方式收集客户的意见和建议，作为及时调整战略的依据。

（4）促销：企业注重用销售行为的改变来刺激消费者，吸引其他品牌的消费者或导致提前消费来促进销售的增长。常见的促销方式有人员推销、广告、销售推广和公共关系等。

促销策略有拉引策略、推进策略和推拉结合策略三种。其中，拉引策略以最终顾客为主要促销对象，即设法引起其需求和兴趣，促使其向中间商询购，从而激发中间商进货，这种策略以广告手段最有效。推进策略以中间商为主要促销对象，企业与中间商合作，利用中间商力量把产品推向消费者，这种策略以人员推销为主要手段。

4 个“P”的适当组合与搭配体现了整体营销的思想。在后来市场营销的发展过程中，还有人提出了 7Ps、10Ps，甚至 12Ps，但不管多少，都是建立在 4Ps 的基础之上的。

（二）营销过程

一般来说，一个完整的市场营销过程包括 5 步：市场调研与分析—制定营销计划—计划执行—执行过程控制—执行效果评估与调整。

其中，市场调研与分析主要包括政策环境分析、消费者特征分析及竞争者分析；制定营销计划即企业根据市场分析结果，确定相应的营销组合和策略；在计划执行过程中，企业需对执行力度进行动态控制；最后进行科学评估并及时做出调整。

（三）营销主体与对象

营销主体复杂多样，事实上每个组织、企业和个人都是营销对象。

五、市场营销新手段

（一）关系营销

关系营销的核心思想是建立和发展良好的顾客关系，使顾客保持对某个企业或某一品牌商品的高度忠诚。这种观念重视争取顾客和创造市场，更重视维护和巩固已有的关系。关系营销适合于餐饮、旅游、娱乐等第三产业，企业可以通过建立消费者数据库准确掌握消费者的有关信息，从而准确定位商品，同时也使得企业的促销工作更有针对性，以此来提高营销效率。

此外，企业还可以通过建立会员卡制度等方法对重要顾客进行主动管理。

（二）服务营销

在现代社会，服务营销越来越受到重视，其将重点落脚于以顾客满意为中心的价值链管理上，将企业之间低层次的有形竞争引向更高层次的无形竞争的领域。服务的可塑性和可控性更强。企业不仅可以通过改善售前、售中、售后服务的方式努力提高服务水准，而且还可以根据自身的实际情况，因时制宜地采取不同的方法和手段更好地为顾客服务。

（三）形象营销

企业形象是经营理念识别（MI）、行为识别（BI）、视觉识别（VI）三者的综合统一。 企业通过塑造和提升营销形象来使公众产生认同感和归属感，从而树立和稳固企业在他们心中的地位。形象营销对内具有导向、凝聚和激励功能，使企业内部的整体行为、价值观念和目标取向趋向一致，有利于发挥员工的积极性与创造性；对外具有识别促销的功能，使竞争对手难以模仿，使公众易于辨认。

（四）绿色营销

绿色营销要求企业将消费者需求、企业利益和环境保护三者有机结合起来，把环境保护与生态平衡观念融于企业的营销管理中，体现了企业强烈的社会责任感。它要求企业从产品设计、生产到销售、使用的全部营销过程都要充分考虑环境与生态利益，做到安全、卫生、无公害。越来越多绿色商品、绿色消费的出现，显示出绿色营销已成为营销发展的主要潮流之一。

（五）整体营销

整体营销的核心思想是“合作”，是把市场营销与公关活动有机地结合起来，将传统的针对最终消费者的营销扩展到了针对环境因素中所有重要行为者的营销，把供应商、分销商、最终顾客、政府、同盟者、竞争者、新闻传媒和一般大众等都纳入营销的范畴，由企业各部门及全体员工密切配合完成。

我来试 Let's try

通过以上知识的学习，张铭总结了此次中国国际动漫节的营销手段，如图 1-1-2 所示。

中国国际动漫节的营销手段

（1）品牌效应：它在动漫的发展过程中起着巨大的作用，也是动漫产业不断扩大的一种手段。我国在进行动漫设计时，融入了大量文化思想和民族精神，十分注重精神层面的表达，并且也取得了很好的成绩，如动漫《秦时明月》中一起战斗的精神有助于强化青少年的团体意识和奋斗精神。

（2）情感营销：是动漫产品的销售策略，把营销活动建立在买者的情感基础之上。营销者注重对销售群体情感的分析和把握，及时了解他们的喜好以及情感变化，进行针对性的营销手段设计，这样才能够取得良好的营销效果。在情感营销方面，把正义精神融入动漫产品当中，更能够引起公众的情感共鸣，有利于产品的推广。

图 1-1-2　中国国际动漫节的营销手段

任务拓展

汽车展参展商营销手段盘点

图 1-1-3　车展上的卡通人偶

汽车展上，参展商要想取得理想的参展效果，从众多的商家中脱颖而出，可以从顾客满意的角度运用现代营销理念进行营销。

1. 举牌大军，展馆中穿梭着

每次车展，举牌大军都是各品牌展商的必出技能，一行人穿着带有本品牌 Logo 的服装，举着标有优惠信息的牌子，穿梭于展馆，这无疑是最直接、最有效的宣传方式。

2. 萌宠人偶，可爱并雷人着

在车展人群中，会不时发现有各种卡通人偶在身边出现，他们有的是耳熟能详的角色：喜羊羊、灰太狼、机器猫、Hello Kitty……有的则是一些品牌的吉祥物。仔细看这些人偶，有的很可爱，有的则有些雷人，如图 1-1-3 所示。

图 1-1-4　车展上的车模

3. 购车大奖，优惠刺激着

消费者来车展购车，无非两点：一是车型齐全，二是优惠力度大。车展期间，几乎每家参展商都有着诱人的车展优惠，更有家电、食用油、加油卡、丝绒被等让人心动的购车礼相送。同样是购车，在享受巨额优惠的同时，还可多得礼物，消费者更会被吸引。

4. 多样活动，帅哥美女养眼着

如何将展馆零散的消费者吸引到自己的展厅，是每个参展商最注重的环节。可以组织一些活动吸引消费者，如劲歌热舞、模特走秀、互动游戏等，再加上帅哥和美女车模，都足以让众多消费者"驻足停留"，如图 1-1-4 所示。而在某车展现场，参展商举行了火爆异常的《飞机大战》游戏争霸赛，也吸引了很多消费者驻足展厅参与活动。

除了以上这些，还有发传单、抽大奖、新车发布会等常规营销手段，也在一定程度上抓住了部分消费者的眼球。

任务检测

我来练 Let's practice

一、实训题

2016 年 8 月，在中国杭州举办了主题为"构建创新、活力、联动、包容的世界经济"的二十国集团领导人第十一次峰会，大量的媒体广告集中宣传着杭州这座美丽的城市。世界的目光聚焦在杭州，杭州的风景、杭州的人文、杭州的产业乃至"杭州模式"征服了无数电视机、电脑、手机屏以及纸媒前的受众。杭州这个中国的 1.5 线城市正借由 G20 这个大事件在"营销"自己，试分析其中的营销手段。

（1）将全班分成若干小组，每组 4 ~ 6 人，以小组为单位，利用网络查找相关资料。

（2）各小组将完成的报告制作成 PPT，在班级内进行汇报和交流。

二、填空题

1. 形成市场必须具备的要素有（　　）、（　　）和（　　）。

2. 有效需求必须有两个条件：（　　）和（　　）。

3. 买方市场是指供给（　　）需求、商品价格（　　）的市场；卖方市场是指供给（　　）需求、商品价格（　　）的市场。

4. 顾客价值是顾客从拥有和使用某产品中所获得的（　　）和为取得该产品付出的（　　）的差额。

5. 顾客满意是指一个人通过对一个产品的（　　）与他的（　　）相比较后所形成的（　　）或（　　）的感觉状态。

三、简答题

1. 简述市场及市场营销的含义。

2. 市场营销的新手段有哪些？

3. 市场营销的渠道有哪些？

任务二　认识会展营销

任务描述

经过不懈的努力，捷通会展有限公司在动漫展领域慢慢地崭露头角，将要承办一场颇具规模的动漫展。由于准备事项众多，时间紧迫，公司特别邀请了明扬职业技术学校会展专业的学生参与项目前期筹备及现场服务方面的工作。张铭因为曾经在工学结合活动中的良好表现，被分配在公司招商部，协助进行此次动漫展的展位销售工作。

任务分析

虽然参加过杭州国际动漫节，但要真正参与到招商招展工作中，对张铭同学来说还是有一定难度的。一方面他要认识会展市场，了解会展市场的分类和特点；另一方面要把握会展产品和会展营销的含义，这样才能针对这样的市场进行会展市场营销，如图 1-1-5 所示。

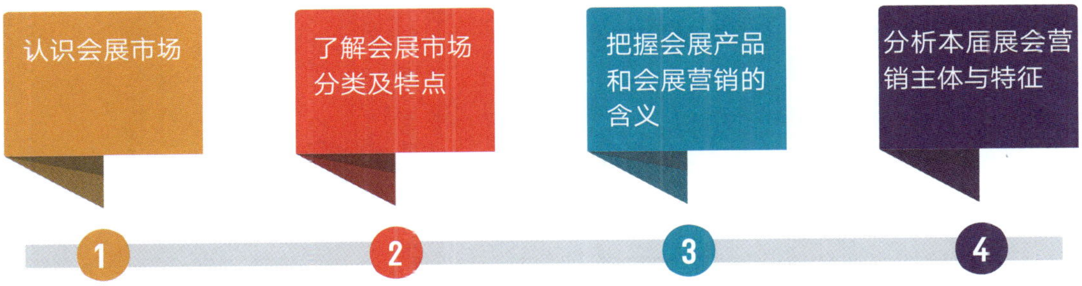

图 1-1-5　会展营销的认识过程

任务实施

我来学 Let's learn

认识会展营销

一、会展市场

与市场具有多重含义一样，会展市场也有多重含义。从广义上讲，会展市场是指在一定社会条件下，为组织或个体实现供给或需求，从而取得效益的，一系列集中时间、空间的交易活动及其经济关系的总和。其涉及会展供给市场和会展需求市场两个方面，包括展览的生产者、服务者、消费者。展览的生产者通常是由主办者、承办者、协办者组成；服务者主要是展览场地提供者、组织物流的交通部门、组织游览观光的旅行社以及为参展者提供住宿和娱乐等服务的企业和个人；消费者是指展览的参加者。狭义的会展市场是指会展需求市场，主要包括参展商、参观者、会展产品购买者。

我们研究会展市场，目的是抓住现实市场，了解现有展览参加者的需求，并努力满足他们的需求；同时，关注潜在的会展市场，通过调查获取信息，利用社会学、经济学、心理学、公共关系学等原理，努力创造新的需求，提高这一市场对公众的吸引力，从而提高会展市场的占有率。

二、会展市场的分类及特点

（一）会展市场的分类

会展市场的划分标准有很多，可以根据地理范围、会展消费者的类型、会展消费者的人口统计特征以及参展商的需求动机分类。

（1）根据地理范围划分，会展市场可以分为国际、全国、地区、本地四个层次，对于每一个层次的市场，又可以按照行政区划或者习惯来划分为更加详细的地域性的市场。

（2）根据会展消费者（参展企业）的类型，可以具体从参展商的产品类别、规模和实力以及所处的不同成长阶段等对会展市场进行细分。

（3）根据会展消费者（观众）的人口统计特征，可以具体从年龄、性别、职业、收入、文化程度等对会展市场进行细分。

（4）根据参展需求动机，会展市场可以分为销售类和非销售类等。

此外，还可以根据交易场所的不同，将会展市场分为有形会展市场和无形会展市场；根据交易对象的性质将会展市场分为会展商品市场和会展要素市场等。通过对会展市场的划分，有助于企业更好地选择适合的目标市场，实现企业目标。

（二）会展市场的特点

1. 会展市场的多样性

首先，会展需求主体具有多样性，会展市场需求主体不同于其他一般市场，它包括两个或两个以上群体，即参展商、与会者和观众等。其次，会展供给主体的多样性。会展产品或服务可以是组织提供，也可以是个人提供。会展供给主体涉及各行各业，如政府、高校、企业等。通常情况下，因会展活动主题性质的不同，会展组织者的身份会有所差异。最后，会展产品的多样性，会展产品可以是商品，也可以是公益产品；可以是私人物品，也可以是公共产品，只要是会展组织者在会展领域提供的商品或服务都可称为会展产品。

2. 会展市场活动的关联性

会展市场活动是一种产业关联度极高的综合性经济活动。它的显著特点在于“集中”。会展市场的发展会带动旅游、交通运输、房地产、海关及餐饮等相关产业的发展，具有很强的产业辐射性。

据测算，会展的产业带动系数为 1 ：9，即会展活动收入为 1 元，相关收入为 9 元。

3. 会展市场信息的强集聚性

会展活动在确定的时间和地点进行，集中了大规模的信息。尤其是贸易展会上，能使产品得到充分的宣传、展示，能集合众多的买家和卖家进行相互交流，集中时间、批量购销，既交流了产品，又沟通了信息，从而大大降低了经济活动的交易费用。

小贴士

中国会展经济带

近年来，中国会展业保持了持续健康发展的良好势头，规模不断扩大，经济效益继续攀升，场馆及配套设施建设日趋完善，已从规模化发展逐步转向专业化、品牌化、国际化，并显示出强大的关联效应和经济带动作用。

目前，中国会展业在区域分布上，基本上形成了以北京、上海、广州、大连、成都、西安、昆明等为会展中心城市的环渤海会展经济带、长三角会展经济带、珠三角会展经济带、东北会展经济带及中西部会展城市经济带等五大会展经济产业带框架。

三、会展产品

会展产品是指会展经营者基于会展参加者的整体需求，向他们提供的用以满足其需求的会展经济活动及全部服务，包括会展细分行业及相关的旅游、交通、商业等行业提供的产品和服务。会展产品是一个整体概念，它是由宣传、会议、陈列、商品交易、物流、饮食、住宿、交通、游览、售后服务等一系列有形产品和无形劳务组成的综合体。会展产品的核心是服务，具有综合性、无形性、不可分割性、不可储存性和异质性等特征。在会展业竞争日趋加剧的情况下，会展公司需要在各个环节强化服务意识、提高服务水平。

四、会展营销

会展营销是营销学理论在会展业中的具体应用，是用营销学的基本理论来解决会展业发展中的具体问题。具体来说，会展营销是会展企业为了吸引更多的客户，提高会展品牌的价值和影响力，研究目标顾客需求、设计会展产品和服务、制定营销价格、选择营销渠道以及保持良好客户关系等一系列市场推广活动。会展营销是以客户需求为中心的服务营销活动，其目的是通过认识市场、适应市场、巧妙地引导市场，来实现会展活动的市场价值，促进会展产品和服务的供需结合。

五、会展营销的主体

1. 会展企业

一般认为会展企业主要包括三类，即会议策划 / 服务公司或展览公司，展示设计公司及会展场馆（会议中心 / 展览场地）。

2. 参展商

从狭义讲，参展商是展览会主角。

3. 专业观众

专业观众是指从事专业性会展所展示产品的设计、开发、生产、销售、服务等不同环节的观众，他们很可能成为参展商的潜在目标客户群体。专业观众的数量及质量成为评定一个展览会水平的关键因素。

4. 会展城市

会展城市是会展营销活动的利益主体，也是参展商决定参展与否的条件之一。举办国际性的会议或展览，如进博会、奥运会、世博会等能给城市带来巨大的经济效益，同时也能够提升城市形象、促进城市建设及相关产业发展。

5. 相关媒体

相关媒体在帮助企业提升形象、提高会展产品及展会知名度方面起到了不容忽视的作用，因此，媒体资源在会展营销过程中也是非常重要的。

我来试 Let's try

以中国国际动漫节为例，分析展会的基本要素，包括展会背景、举办时间、地点、主题及主要内容，在此基础上进一步分析其组织机构，包括会展主办方、承办方、协办方、合作媒体等，从而对展会所要面对的观众群体进行分类，针对不同内容分析后得出会展营销的主体和营销的主要特征，如图 1-1-6 所示。

中国国际动漫节营销主体

主办：国家新闻出版广电总局、浙江省人民政府
承办：杭州市人民政府、浙江新闻出版广播电影电视局和浙江广播电视集团
协办：中国动画学会
参展商和观众：第十四届中国国际动漫节吸引了 246 家国内外企业参展。央视动画、中南卡通、玄机科技等国内动漫游戏企业及腾讯、阿里巴巴、网易等国内互联网平台均参展亮相；共吸引 143.35 万人次参与，其中白马湖国际会展中心主会场单日观展人数达 11.1 万人次。本届的办展规模、参与人数、交易金额、节展效益等各项指标，均为历届之最

中国国际动漫节营销特征

专业性、国际性、亮点创意。它也带动了会展所在城市动漫产业的快速发展，主要表现在以下四个维度：催生产业政策，形成产业规模；搭建产业平台，培育骨干企业；促进品牌输出，丰富文化生活；吸引优秀人才，开拓海外市场

图 1-1-6　中国国际动漫节营销主体和营销特征

任务拓展

世界经济论坛的营销技巧

世界经济论坛（World Economic Forum）是以研究和探讨世界经济领域存在的问题、促进国际经济合作与交流为宗旨的非官方国际性机构，总部设在瑞士日内瓦。通常在每年年初，世界经济论坛都要在瑞士小镇达沃斯召开年会，因此世界经济论坛也被称为“达沃斯论坛”。

论坛前身是 1971 年由现任论坛主席、日内瓦大学教授克劳斯·施瓦布创建的“欧洲管理论坛”。1987 年，“欧洲管理论坛”更名为“世界经济论坛”。论坛会员是遵守论坛“致力于改善全球状况”宗旨，并影响全球未来经济发展的 1000 多家顶级公司。2005 年，世界经济论坛主席克劳斯·施瓦布提出了“中国夏季达沃斯”的设想。2006 年 6 月，世界经济论坛北京代表处成立，这是世界经济论坛在瑞士境外设立的首家代表机构。2007 年开始，每年在中国举办世界新领军者年会（“夏季达沃斯”论坛），该论坛的目的是为“全球成长型公司”创造一个与成熟企业共同讨论、分享经验的平台。

世界经济论坛的营销技巧是什么？虽然主要聚焦于经济领域，但是世界经济论坛的内容和演讲嘉宾从来就不只限于商业和经济。例如 2014 天津夏季达沃斯论坛有五个组成部分，即创新和产业、科学和技术、中国和新兴市场、可持续性和社会、创意和文化。2009 年的世界经济论坛上，李连杰接受了 Crystal 奖杯，这个奖项专门颁给演艺界为世界做出贡献的杰出人才。2011 年，周迅以唯一艺人的身份出席了在大连举办的“世界经济论坛新领军者年会”并发表演讲。2014 年，姚明、姚晨出席天津夏季达沃斯论坛，成为全球青年领袖。在明星们光环的映照下，达沃斯不再是一个“严肃高冷”的经济论坛，而有了更多的感性元素和多元化视角。值得注意的一点是，明星们来到达沃斯的原因大多和他们从事的公益慈善活动有关。以姚晨为例，2013 年 6 月联合国难民署总部升任姚晨为联合国难民署中国亲善大使，以表示对她过去三年来为难民事业努力的肯定。很明显，世界经济论坛就是通过体育界明星、演艺界明星等来拉动媒体的神经系统，给予曝光。另外，世界经济论坛通过多位全球不同国家的政界领导人，来提升权威性。以全球政界领袖、著名学者、跨国公司老总、全球著名明星、世界著名经济学家的组合，形成整体影响力，这就是世界经济论坛的整合营销。

任务检测

我来练 Let's practice

一、实训题

上海国际汽车工业展览会，又称上海国际车展（Automobile Shanghai），创办于1985年，两年举办一届。它是中国最早的专业国际汽车展览会，目前已成长为中国最权威，也是国际上最具影响力的汽车大展之一，请就上海国际车展制作一份报告，分析该车展的市场分类及特点。

（1）将全班分为若干小组，每组 4 ~ 6 人，以小组为单位，利用网络查找相关资料。

（2）各小组将完成报告制作成 PPT，在班级内进行汇报和交流，并进一步完善报告。

二、填空题

1. 广义的会展市场包括会展供给市场和会展需求市场，狭义的会展市场是指（　　）市场，主要包括（　　）、（　　）和（　　）。

2. 会展营销的主体有（　　）、（　　）、（　　）、（　　）及相关媒体。

三、简答题

1. 简述会展市场的含义及特点。

2. 如何对会展市场进行分类？

3. 说说会展市场细分的意义。

4. 什么是会展营销？

模块二　会展营销岗位体验

学习目标

1. 能认识会展企业。
2. 能说明会展企业的内部结构。
3. 能简述会展公司的岗位设置情况。
4. 能列举会展营销岗位。
5. 能明确会展营销人员应具备的职业素质。

情境呈现

转眼就进入了三年级顶岗实习阶段，跟所有同学一样，张铭对即将进入的会展企业充满着期待，但他对会展企业了解不多，有的叫会展有限公司，有的叫会展设计公司，有的叫会展服务公司，它们到底有什么区别？而针对自己感兴趣的会展营销，自己应该选择什么样的企业和岗位呢？张铭有点茫然，不知所措。

任务一　透视会展营销职业

任务描述

张铭非常有幸地被推荐到了自己心仪的捷通会展有限公司实习，报到第一天，人力资源部陈佐经理向他介绍了公司的概况，并告诉他，第一个月将安排他到公司的各个部门轮岗，之后会根据他自身的特点和在各部门的表现，最终确定他在哪个部门留任。

任务分析

对于刚进入企业的会展专业学生，尽管在学校学习了会展的相关专业知识，但对会展企业着实还没有特别清晰的概念，有必要先了解一下会展企业的类型，并且从所在的捷通公司着手，进一步了解会展公司的岗位设置，尤其是会展营销岗位的相关设置和工作职责，如图 1-2-1 所示。

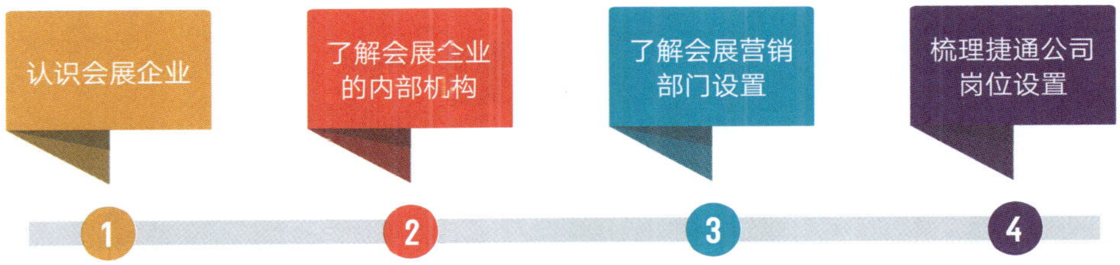

图 1-2-1 会展企业认知过程

任务实施

我来学 Let's learn

透视会展营销职业

一、认识会展企业

会展企业是指以营利为目的，依托各类会展场馆和相关设施，从事会议、展览和节事活动的策划、组织和经营管理等相关活动的经济组织。会展企业大致可分为三类：

1. 会展经营企业

会展经营企业包括会议策划 / 服务公司或展览公司，主要指从事会议展览的策划与开发、组织与实施及宣传等方面工作的企业。

2. 会展场馆企业

会展场馆企业是指依托一定规模的展览场地（包括室内和室外展览区），向会议公司和展览公司提供会展场地及配套服务，并配置规范服务和管理的专业人员的企业。

3. 会展设计企业

会展设计企业是指配合会议展览公司完成会展活动，为参展商提供各类服务的企业，包括会展设计、展示展览制作、会展搭建及租赁和展运等业务的企业。

二、会展企业的内部机构

企业内部组织结构是指在协同工作、实现企业目标的过程中联结企业成员的方式以及这种方式所构成的形态，是企业内部各个组织机构之间的关系组合。会展公司的组织结构因其规模、定位、发展状况等情况的不同而有所不同，图 1-2-2 至图 1-2-4 是三种规模不同的会展公司的组织机构。

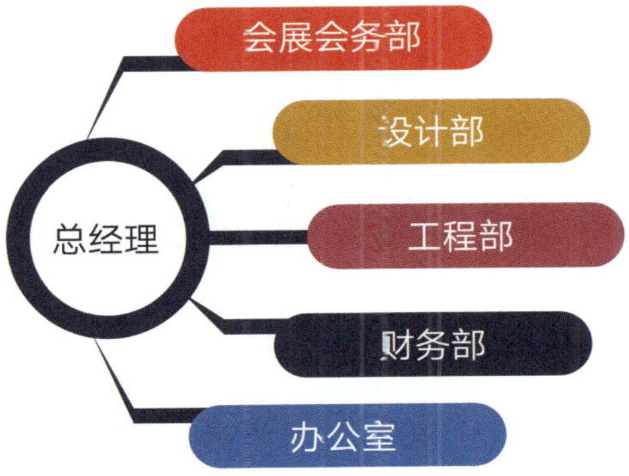

图 1-2-2 小型会展公司组织机构

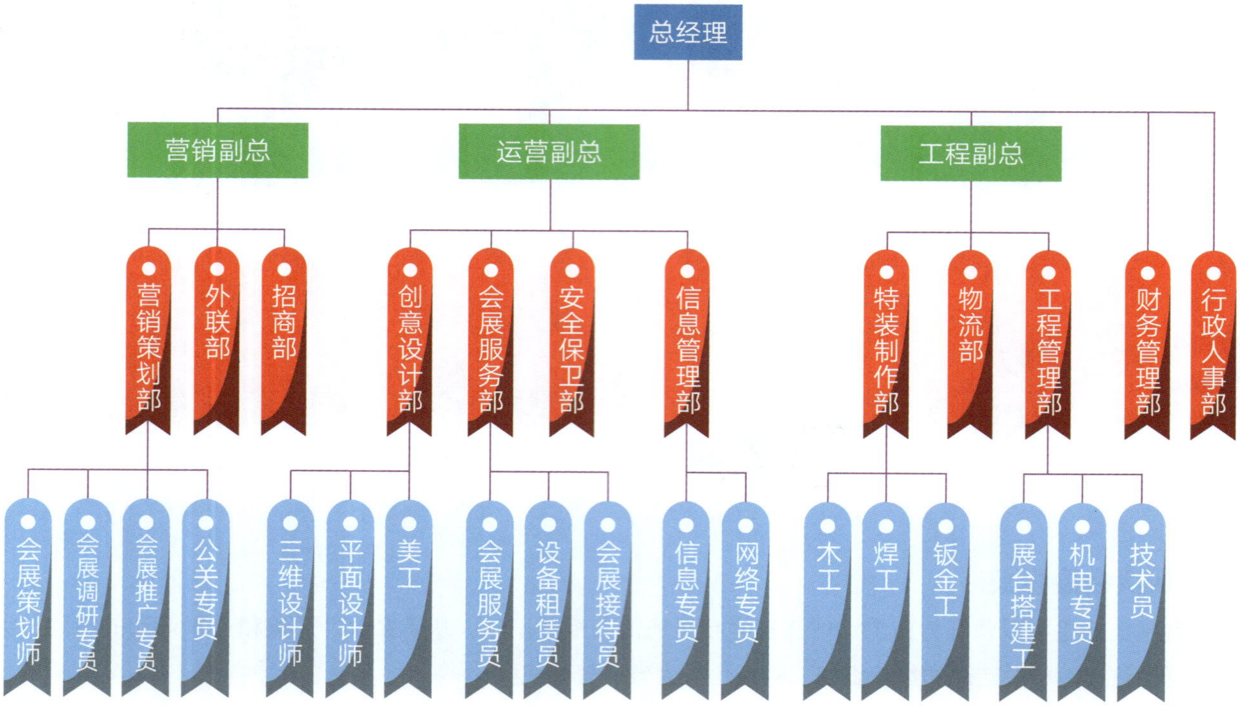

图 1-2-3　中型会展公司的组织机构

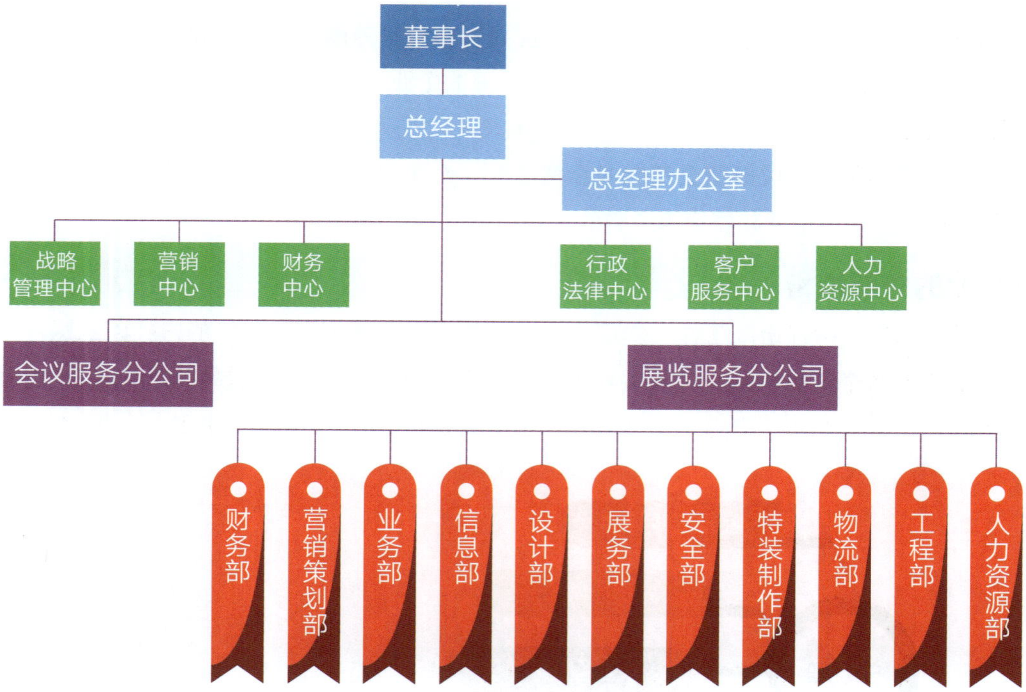

图 1-2-4　大型会展公司的组织机构

小贴士

职能型组织结构

图 1-2-3 所示的中型会展公司采用的是职能型组织结构，按职能分工实行专业化的管理办法。行政主管把相应的管理职责和权利交给相关的职能机构，各职能机构在自己业务范围内可以向下级下达命令和指示，直接指挥下属。组织内除直线主管外，还相应地设立一些组织机构，分担某些职能管理的业务。

职能型组织结构的优点是，能充分发挥职能专业管理作用，加强各部门的业务监督和专业性指导，减轻了上层管理者的负担，使他们能集中注意力履行自己的职责，能够适应现代组织技术比较复杂和管理分工较细的特点。其缺点是多头领导妨碍了组织的统一指挥，不利于明确划分职责与职权；各职能机构往往从本机构的业务出发考虑工作，横向联系差；对于环境发展变化的适应性差，不够灵活；强调专业化，使管理者忽略了本专业以外的知识，不利于培养上层管理者。

三、会展营销的部门设置

一般来说，会展公司的营销部可以包括策划部、市场部和招商部（业务部）。

1. 策划部

策划部是会展企业的基础部门，其主要工作包括企业策划和会展项目策划两个部分。企业策划主要是对整个会展企业的形象进行包装、策划，其目的是树立会展企业形象，创立会展企业品牌。而会展项目策划是指制定会展工作方案，如制定会展工作计划、列明工作事项、安排人员的配备及责任范围、安排工作进程、预算费用支出等。举办会展是一项十分繁杂的系统工程，详细而周密、科学的会展策划是保证各方人员按时、按质、按量完成各项任务的重要环节。因此可以说，项目策划是会展公司的基础工作，也是关键性的工作。人员结构如图 1-2-3 所示。

2. 市场部

市场部也叫外联部，是会展企业的重要部门，主要负责会展新闻宣传、会展广告策划实施、协调与各社会团体或政府之间的关系等，如图 1-2-5 所示。

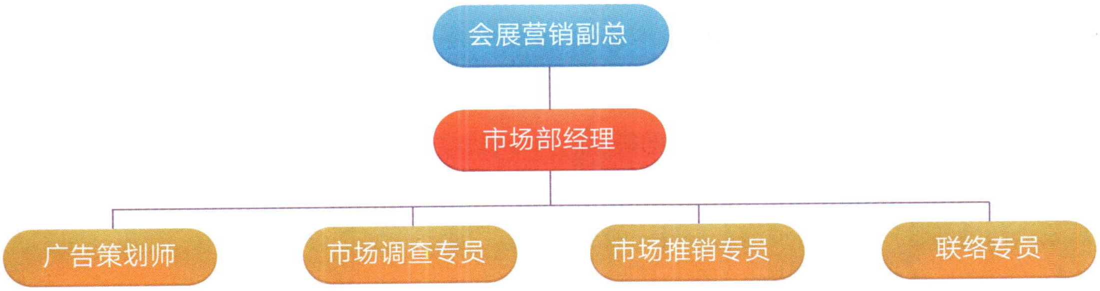

图 1-2-5 市场部人员结构

3. 招商部（业务部）

招商部（业务部）是会展公司业务拓展的部门。主要负责管理客户信息、制定招商计划、开展招商活动、维护客户关系等工作，如图 1-2-6 所示。

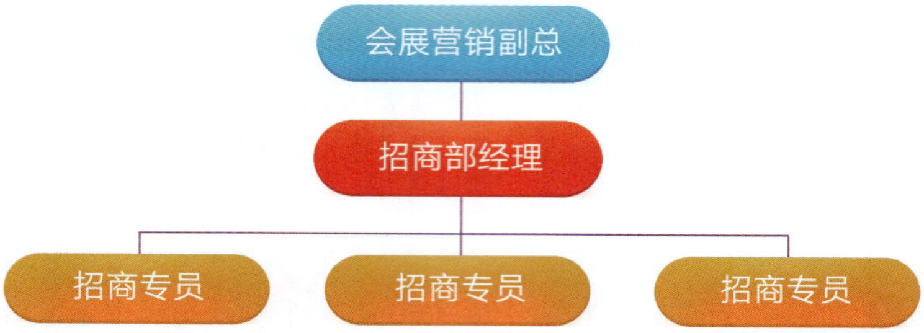

图 1-2-6　招商部人员结构

我来试 Let's try

结合前面的学习，张铭试着对捷通会展有限公司的类型和岗位设置情况进行了梳理，如图 1-2-7 所示。

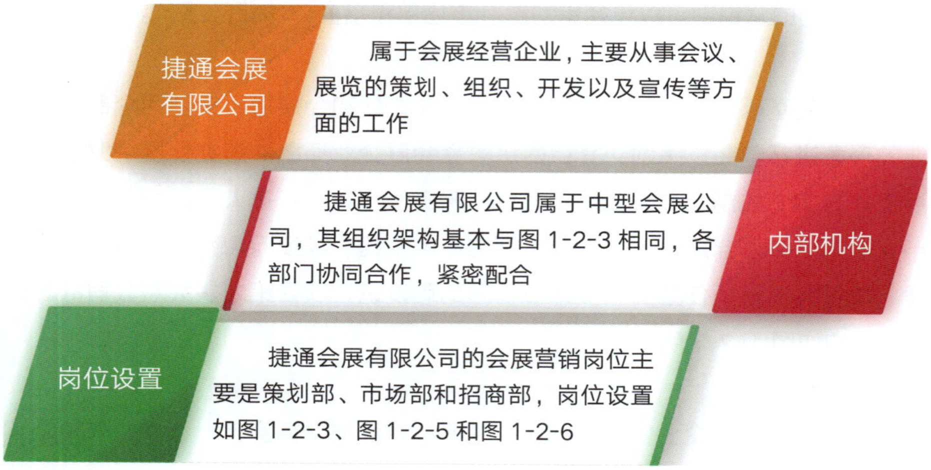
捷通会展有限公司
属于会展经营企业，主要从事会议、展览的策划、组织、开发以及宣传等方面的工作
捷通会展有限公司属于中型会展公司，其组织架构基本与图 1-2-3 相同，各部门协同合作，紧密配合
内部机构
岗位设置
捷通会展有限公司的会展营销岗位主要是策划部、市场部和招商部，岗位设置如图 1-2-3、图 1-2-5 和图 1-2-6

图 1-2-7　会展公司的类型与岗位设置

任务拓展

会展企业其他部门的职责

会展活动的顺利开展离不开会展企业各部门的配合与支持。除了策划部、市场部和业务部外，创意设计部、工程部、安保部、服务部和信息管理部等部门在会展举办过程中也起到了举足轻重的作用。

1. 创意设计部

创意设计部是向客户提供各种创意与设计的部门。其主要工作是在会展服务中，利用空间环境，采用建造、工程、视觉传达等手段，借助高科技产品，将所要传播的信息和内容呈现在公众面前。其中包括展台设计、空间布局设计、平面设计、照明道具设计以及展馆设计等。人员设置如图 1-2-3 所示。

2. 工程部

工程部主要负责组织会展企业的各项基建工作；负责企业所属各建筑物、构筑物、道路及各类管线的维修和养护工作；负责企业机电设备的日常管理工作；保证会展企业经营及会展期间所有服务设施，如会议场所或展馆内装修和陈设、水电、音响系统、空调系统、电话、网络、电梯等正常运行和使用等工作。

3. 安保部

安保部是举办会展活动时确保会展环境安全的部门。安保部的职责如下。

（1）负责落实并监督检查会展活动的各项安全措施，使会展现场符合安全、防火等要求。

（2）维护会展现场秩序、展馆门前及停车场交通秩序。

（3）防范会展现场安全事故的发生。

（4）处理好各种可能出现的突发事件。

4. 服务部

服务部是会展企业的窗口部门，其服务质量的高低直接影响到企业的形象，主要包括：接待、设备租赁、翻译、司仪、礼仪等。

5. 信息管理部

会展信息管理部能够有效实现会展集区的资源共享，管理多个会展活动，分类管理展商和观众等方面数据，全面管理客户关系，使大量重复工作可以实现自动处理，防止客户数据因业务人员流动而流失，并可以直接对会展过程进行有效管理，应用精确的统计数据辅助公司决策，主要包括信息专员和网络专员等人员。

任务检测

我来练 Let's practice

一、实训题

为了培养学生的实践能力，安排时间进行一次市场调研，选择一家自己感兴趣的会展公司，了解其内部机构设置情况，并进行详细分析。

（1）请将全班分成若干小组，每组 4 ~ 6 人，每组为这家会展公司画一张组织机构图。

（2）通过小组讨论分析，完善其组织机构图。

二、填空题

1. 会展企业大致可以分为（　　）、（　　）和（　　）三类。

2. 会展公司的营销部可以包括（　　）、（　　）和（　　）。

三、简答题

1. 简述会展企业的含义。

2. 简要分析会展企业的内部机构。

3. 简述会展营销部门的岗位设置与工作职责。

任务二　体验会展营销岗位

任务描述

尽管张铭只是处于顶岗实习阶段的准职业人，但他对自己的职业发展有着清晰的规划，也希望通过自身的努力不断提升自己，成为一个优秀的会展营销从业人员。那么如何才能实现呢？

任务分析

要想成为一个优秀的会展营销从业人员，首先，要了解会展营销岗位的职责，并努力完成岗位要求的任务；其次，要了解一个优秀的会展营销从业人员必须具备的个人素质和职业技能，不断磨炼、提高自己，才能与目标越来越接近。张铭明白了自己的任务，如图 1-2-8 所示。

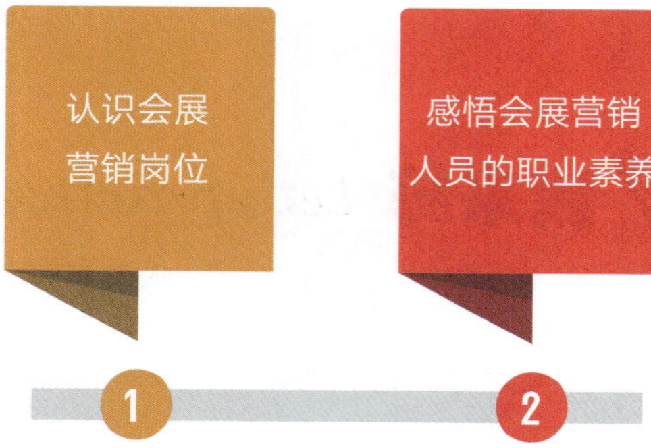

图 1-2-8　会展营销岗位认知过程

任务实施

体验会展营销岗位

我来学 Let's learn

一、认识会展营销岗位

以会展企业来说，一般会设置营销、外联和运营等部门。通俗来说，营销部门主要负责推广展会，特别是向展商和观众推广展会，具体包括：展会宣传、观众邀约、展会广告销售等。其中，展会宣传可细分为：展会宣传品制作（包括展会观众邀请函、会刊 / 会报、展期招贴 / 证卡等）、自媒体维护（包括展会官方网站、微博、微信、App 等）、新闻宣传（包括提供自媒体的原创新闻宣传和利用社会媒体进行新闻宣传）、广告宣传等。外联部负责邀请观众、公关和媒体推广。运营部主要负责对下游企业的协调，也就是协调展馆与服务商达成会展要求。下面介绍几个具体岗位及其职责。

1. 会展营销经理

（1）根据展会整体规划，落实相关行业的展位销售进度计划。

（2）负责会展渠道及直销客户的数据库建立和管理。

（3）负责展位销售推进和汇总。

（4）负责相关行业展位销售渠道的日常管理和沟通。

（5）负责展商的日常维护，促进与展商的沟通交流。

（6）负责统计汇总展商相关资料，协助展商与服务供应商之间的沟通。

2. 会展营销总监

（1）会展营销管理：带领市场、销售、项目团队完成企业经营目标；团队系统化培训指导，制定合理的量化考核机制；制定合理的营销计划并监督执行。

（2）会展成本管理：主导项目流程管理、项目预算控制及成本管理；主导售后服务与定期客户回访；优化供应商体系。

3. 会展销售代表

（1）熟练操作阿里巴巴、速卖通等 B2B 平台，以及会展现场接待客商。

（2）协助实施公司会展业务的工作目标、工作计划。

（3）管理客户关系，完成销售任务。

（4）了解和发掘客户需求及购买愿望，收集潜在客户资料。

4. 市场助理

（1）协助销售代表完成售前及售后服务等辅助性工作。

（2）协助销售代表对应收账款进行有效的管理。

（3）与核查、制作、财务、网站部等部门保持良好的沟通，保证工作的顺利进行。

5. 会展市场推广专员

（1）负责会展市场、会展业务资讯收集。

（2）会展业务洽谈推广。

（3）协助落实会展服务实施。

（4）会展业务客户维护。

互联网时代下，会展企业为了顺应行业发展要求，一些传统的岗位职责发生了变化，新岗位也应时而生，例如：

（1）会展营销文案。

① 负责电商平台的内容编辑，对会展产品进行直观、理性 / 感性、富有吸引力的描述。

② 负责电商平台活动和专题的文案策划。

③ 依据运营要求设计精准营销文案，并持续跟进、优化。

④ 负责线上品牌宣传、互动软文和配图的文案撰写，有效提升客户对会展产品购买欲望值。

（2）新媒体营销。

① 按照运营计划，负责微博、微信公众号、各个自媒体平台的内容更新、撰写、配图及上传。

② 自媒体平台日常信息维护、粉丝互动及反馈。

③ 配合会展品牌宣传或产品推广，策划制定媒体平台的运营策略、编辑计划、专题策划。

④ 跟踪微博、微信公众号的推广效果，收集、研究和处理用户的意见信息，及时做出判断和反馈。

⑤ 新渠道、新平台的开发管理和维护，不断延伸新媒体传播渠道。

二、感悟会展营销人员的职业素养

一名优秀的会展营销人员应具备高度的责任心和敬业精神，并有较强的意志控制力，能持之以恒等。

1. 良好的心理素质

首先，会展营销人员要具有强烈的自信心，一个对自己都没有信心的人是很难将自己、将产品成功销售给客户的。其次，会展营销人员要有较强的抗挫折能力，遇到困难和失败时要能保持稳定的情绪。

2. 高度的热忱和服务心

会展营销从本质上说是服务营销。会展营销人员要本着对客户的责任心，以专业人员的身份，热忱地为客户提供服务。成功的营销人员会站在客户的立场，把客户当成自己的朋友，建立长期的服务关系，提供给客户最好的服务和产品，并且借助客户的成功帮助自己成功。在营销的过程中，切忌急功近利、杀鸡取卵。

3. 勤奋、锲而不舍

会展营销涉及方方面面的事情，要想把工作做好，必须有勤奋的精神，要勤学习、勤动脑、勤观察。此外，还要有锲而不舍的精神，在工作中不怕吃苦、不轻言放弃，所谓“锲而舍之，朽木不折；锲而不舍，金石可镂”。

4. 团队协作精神

一个会展营销项目要取得成功，需要营销团队中每个成员的精诚合作，每个成员都应为项目的顺利推进奉献自己的才智和力量，相互分享各自的经验和教训，促使整个团队力量的提升。任何一个抛弃团队、仅仅想通过个人力量来取胜的人，最终都无法真正实现成功。

小贴士

会展营销人员的营销技巧

会展营销人员要做好营销工作，首先要充分了解国内、国外会展市场和行情，充分了解自己公司和同行举办的会展信息。知己知彼方能百战百胜，熟悉这些会展信息是争取客户参展的关键。同时还要真诚关心客户，为客户提供最佳服务。此外，还要发扬团队合作精神，共同贯彻公司经营宗旨。简单地说，把会展营销工作当作自己的切身利益，用心去做才能发挥出潜在的销售水平。

我来试 Let's try

通过一段时间的观察和陈佐老师的引导，张铭暗下决心要好好锻炼自己的职业能力。而一名优秀的会展营销人员需要具备哪些职业能力呢？通过查找相关资料和与其他员工的交流，他总结出成为一名优秀的会展营销人员所需要具备的能力，如图 1-2-9 所示。

洞察力

优秀的会展营销人员应具有敏锐的洞察力，善于倾听，能察言观色，会感悟、洞察他人的心理活动，并善于站在对方的立场上设身处地为顾客考虑问题，帮助他们解决各种困难。比如，在展会中，会展营销人员能通过参与者的言行准确判断哪些是专业观众，哪些是普通观众，哪些参展人员很可能成为潜在顾客。再比如，在与客户的谈判中，如何从对方言谈举上流露出的信息分析出对方的“底牌”和心态，分析出是否还有价格谈判的空间、空间幅度多大等。而要做到具有敏锐的洞察力，就要有细致、扎实、务实的工作作风，只有认真细致、扎实地做好每位客户的营销和某一市场的基础工作，才能真正做到有的放矢，才能对市场有较高的灵敏度，才能经营好客户和市场。

执行力

执行能力体现了会展营销人员的综合素质，是贯彻会展营销策划意图，完成预期目标的操作能力。执行力反映了会展营销人员能否高效率地完成任务，特别是在遇到困难的时候，能否勇于克服困难坚持完成任务，而不是一味抱怨和找借口。执行不是要会展营销人员去找到事情的原因，而是要想尽办法达到预期效果。

学习力

作为会展营销人员，需要接触的知识非常广泛，从会展知识、营销知识到财务知识、管理知识以及会展产品甚至行业知识等，可以说会展营销绝对是“综合素质”的竞争，而面对如此多的知识和信息，没有很强的学习能力是无法参与竞争的。要让学习成为一种习惯。不仅对自己的会展产品知识要专业，成为一个职业化的专业顾问，对竞争对手的产品也要熟悉，熟悉行业的标准，熟悉市场的分布和前景，了解价格和促销等的变化，做到知己知彼，这样才能百战不殆。

沟通能力

作为会展营销人员，沟通能力是必备的核心技能之一。沟通能力包括表达能力，能说清楚想要表达的意思；倾听能力，善于倾听客户的诉求，善于运用语言的魅力等。会展营销人员要向不同偏好、不同个性的客户讲解会展产品和服务、产品和服务的优势、他们能给客户带来的利益，也要发现客户的潜在需求，要使对方产生兴趣并与之达成共识，还要与客户建立良好的关系并积极维持好这种关系，这些都需要会展营销人员具备良好的沟通能力。

图 1-2-9　会展销售人员需要具备的能力

任务拓展

全球知名会展企业

中国

1.VNU Exhibitions（上海万耀企业龙展览有限公司）

http://www.vnuexhibitions.com.cn/

2.UBM Asia（亚洲博闻有限公司）

https://www.ubmasia.com/

德国

1. Messe Frankfurt （法兰克福国际展览公司）

https://www.messefrankfurt.com

2. Deutsche Messe Hannover（德国汉诺威展览公司）

http://www.messe.de

3. Messe Düsseldorf（德国杜塞尔多夫展览公司）

https://www.messe-duesseldorf.de/

英国

Reed Exhibitions（励展博览集团）

http://www.reedexpo.com.cn/

意大利

FMI（米兰国际展览公司）

http://www.fieramilano.it/

法国

Comexposium Group（法国爱博集团）

https://www.comexposium.com/

新加坡

SingEx Group（新加坡国际展览集团）

https://www.singex.com/

任务检测

我来练 Let's practice

一、实训题

1. 浏览国内知名会展企业的官网和人才招聘网站，搜寻会展企业营销部门的岗位设置相关信息，并尝试整理相应的岗位职责与要求。

2. 围绕“会展职业素养”的主题，试着访谈 2 ~ 3 位教师，并进行小组交流。

二、填空题

1. 以会展企业来说，一般会设置（　　）、（　　）和（　　）等部门。

2. 互联网时代下，会展企业为了顺应行业发展要求，一些传统的岗位职责发生了变化，新岗位也应时而生，如（　　）、（　　）等。

3. 一名优秀的会展营销人员需要具备（　　）、（　　）、（　　）和（　　）等职业能力。

三、简答题

1. 会展企业设置的部门分别主要负责哪些工作？

2. 会展市场推广专员的岗位职责是什么？

3. 谈谈一个会展营销人员应具备的职业素养。

项目二

会议营销

导学

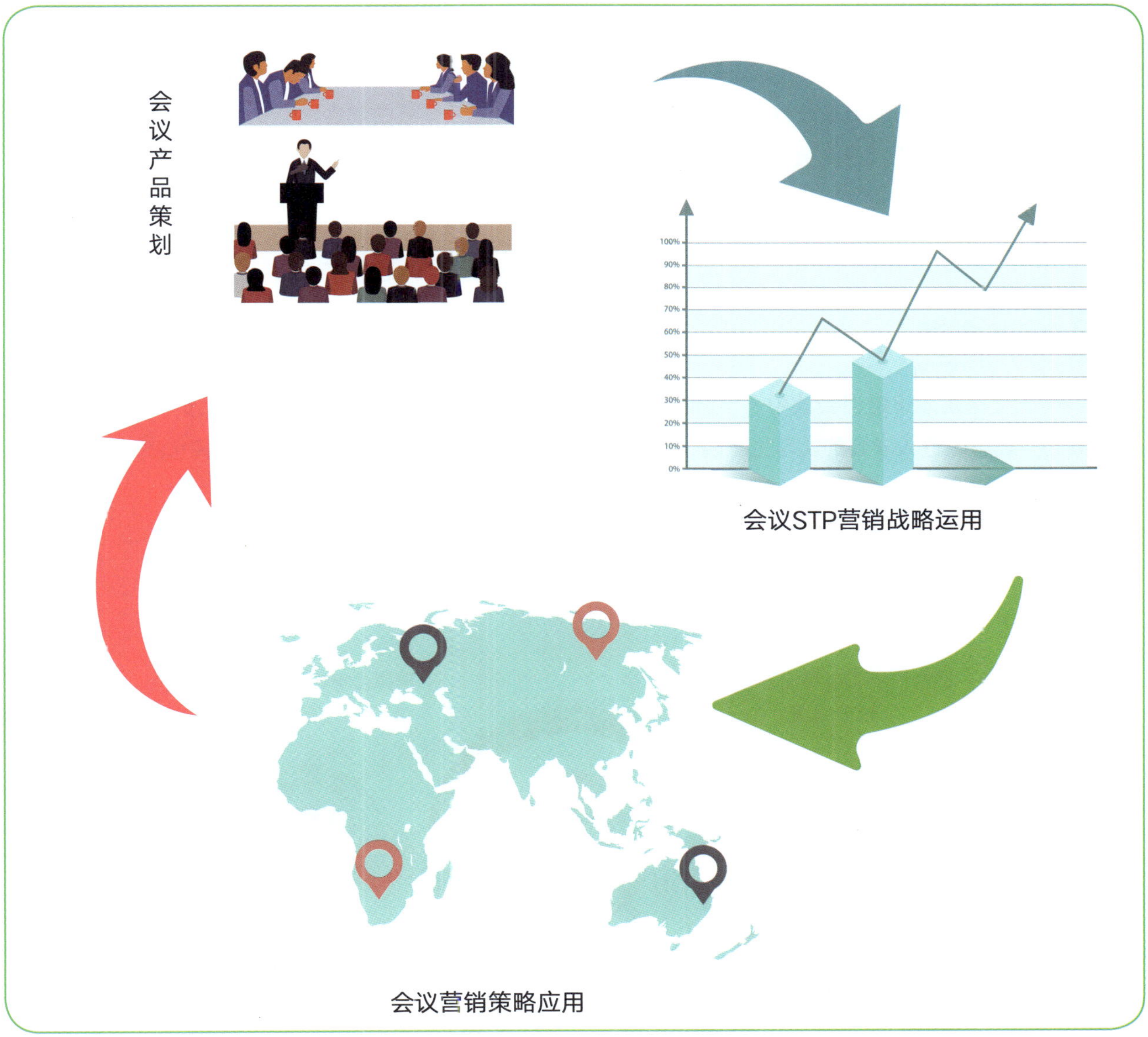

模块一　会议 STP 营销战略运用

学习目标

1. 能简述市场细分的概念、依据、标准及步骤。
2. 能理解几种常见的目标市场选择策略。
3. 能简述几种常见的目标市场定位策略。

情境呈现

中国某医院学会将围绕中国研究型医院建设的时代使命、医院管理的人文特质、医院品牌的人文魅力作为重要内容举办“2018 年中国人文医院建设培训会议”，届时会邀请国内的医院学会、医院等机构的领导和专家出席此次大会。本次的会议营销工作将由学会秘书长吴磊负责。吴秘书长接到任务后，立即召集会议营销组的全体工作人员进行商讨。确定工作任务后，大家以极大的热情和积极性投入到了会议营销的相关工作中。

任务描述

中国人文医院建设培训会议中，学会秘书长吴磊是这次培训会议的营销负责人，负责做出培训会议的营销策略。我是刚进入学会的实习生王晓，吴秘书长让我先学会分析培训会议的 STP 营销战略。

任务分析

在吴秘书长的指导下，我首先对 STP 战略进行了解和分析，如图 2-1-1 所示。

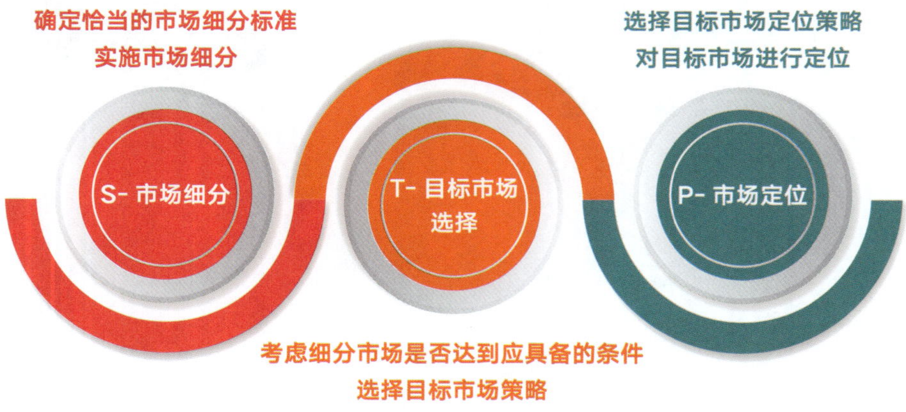

图 2-1-1　STP 营销战略分析

任务实施

我来学 Let's learn

会议 STP 营销战略应用

一、市场细分

1. 市场细分的概念

市场细分的概念是美国市场学家温德尔·史密斯（Wendell R. Smith）于20世纪50年代中期提出来的，是指营销者通过市场调研，依据消费者的需要和欲望、购买行为和购买习惯等方面的差异，把某一产品的市场整体划分为若干消费者群的市场分类过程。每一个消费者群就是一个细分市场，每一个细分市场都是由具有类似需求倾向的消费者构成的群体。

2. 市场细分的依据

市场细分的依据有：市场本身可以细分；消费者存在不同的需求；不同需求的消费者群体里，消费者需求具有相似性。

有效的细分市场应该具备以下特点：可衡量性、可进入性、可营利性、差异性、相对稳定性。

3. 确定市场细分标准

常见的市场细分的标准如下。

（1）地理细分：按行政区划、城乡、气候、地形、人口密度等进行划分。

（2）人口细分：按年龄、性别、职业、收入、教育、家庭人口、家庭生命周期、国籍、民族、宗教信仰、社会阶层等进行划分，将市场细分为不同的群体。

（3）心理细分：可以按消费者的生活方式、个性等划分成不同的群体。

4. 实施市场细分的步骤

（1）确定营销目标，这是市场细分的基础和前提。

（2）根据消费者群体的需求情况，确定市场细分的标准。

（3）根据市场细分标准对市场进行初步细分。

（4）筛选，将各细分市场进行比较，剔除无条件拓展的市场，选出最能发挥优势的细分市场。

（5）对细分市场进行初步命名。

（6）审核，对各细分市场是否合理、科学，是否需要合并和分解进行审查。

（7）选定目标市场。对各个细分市场进行全面分析后，选定目标市场。

二、目标市场选择

1. 目标市场选择的概念

目标市场选择是指企业划分好细分市场后，根据每个细分市场的吸引力程度以及企业自身的优势，选择进入一个或多个细分市场。

2. 目标市场应具备的条件

企业在选择目标市场时要考虑，细分市场是否具有一定的规模和发展潜力，是否具有吸引力，是否符合企业的目标和能力。

3. 目标市场选择策略

目标市场选择策略有以下几种。

（1）无差异性目标市场策略：把整个市场作为一个目标进行营销，强调共同需求，忽视其差异性。

（2）差异性目标市场策略：把整个市场划分为若干细分市场作为目标市场，针对不同目标市场的特点，分别制定出不同的营销计划，有针对性地进行营销，满足不同消费者的需要。

（3）集中性目标市场策略：选择一个或者几个细分市场作为目标市场，集中企业的优势力量，对某细分市场进行集中营销，以获得在这个细分市场的优势。

小贴士

会议的吸引力因素

不同类型的会议，面向的目标客户不同，吸引客户参加会议的因素及影响力也有所不同。成功的会议依靠多种因素来吸引与会者。其中会议主题、会议议程、发言人水平、会议配套服务等都是决定会议能否成功的主要因素。

1. 会议主题

会议的主题就是招牌，一个好的会议主题可以决定客户参与的热情程度，利用人的好奇、趋利等心理特点，把他们吸引过来。

2. 发言人水平

发言人自身资历、演讲口才、发言内容有没有围绕主题等，都会影响客户参与会议的热情程度。

3. 会议议程

精心策划的会议议程可以提高客户参与会议的效率，在有限的时间内获得较多的有用信息，这也是影响客户是否参加会议的主要因素之一。

4. 会议配套服务

会场是否有先进的技术、视听设备，餐饮服务的服务质量及服务水准是否达到一流水准等也是影响客户是否参与会议决定的因素之一。完善的会议配套服务不仅可以吸引客户参与会议，更能影响会议的举办水准。

5. 理想的目的地

风景秀丽、形象好、基础设施完善的目的地比较能吸引会议主办方在此举办会议，同样也是吸引客户参加会议的重要因素之一。

6. 休闲娱乐安排

合理的休闲娱乐安排可以使与会人员在参会之余放松身心，心情愉悦，可以提高参会的满意程度。

三、市场定位

（一）市场定位的概念

市场定位是在 20 世纪 70 年代由美国营销学家艾尔・里斯和杰克・特劳特提出的，其含义是指企业根据竞争者现有产品在市场上所处的位置，针对顾客对该类产品某些特征或属性的重视程度，为本企业产品塑造与众不同的、给人印象鲜明的形象，并将这种形象生动地传递给顾客，从而使该产品在市场上确定适当的位置。简单来说，就是在客户心目中树立与众不同的形象。

（二）目标市场定位策略

常见的目标市场定位策略如下。

1. 避强定位

避强定位策略：是指企业力图避免与其他实力最强的或较强的企业直接发生竞争，而将自己的产品定位于另一市场区域内，使自己的产品在某些特征或属性方面与最强或较强的对手有比较显著的区别。

优点：避强定位策略能避免与实力强的企业正面竞争，使企业较容易地在市场上站稳脚跟，风险小。

缺点：避强往往意味着企业必须放弃某个最佳的市场位置，很可能使企业处于最差的市场位置。

2. 迎头定位

迎头定位策略：是指企业根据自身的实力，为占据较佳的市场位置，不惜与市场上占支配地位的、实力最强或较强的竞争对手发生正面竞争，而使自己的产品进入与对手相同的市场位置。

优点：竞争过程中往往相当惹人注目，甚至产生所谓轰动效应，企业及其产品可以较快地为消费者或用户所了解，易于达到树立市场形象的目的。

缺点：具有较大的风险性。

3. 创新定位

寻找新的尚未被占领但有潜在需求的市场，填补市场上的空缺，生产市场上没有的、具备某种特色的产品。采用这种定位方式时，企业应明确创新定位所需的产品在技术上、经济上是否可行，有无足够的市场容量，能否为企业带来合理而持续的盈利。

4. 重新定位

企业在选定市场定位目标后，若定位不准确或市场情况发生变化时就应考虑重新定位。重新定位是以退为进的策略，目的是为了实施更有效的定位。

我来试 Let's try

通过跟吴秘书长的学习，我尝试做了此次培训会议的 STP 营销战略分析，如图 2-1-2 所示。

S- 市场细分	T- 目标市场选择	P- 市场定位
按照地理细分，可分为一线城市、二线城市、三线城市等。 按照职业细分，可分为教师、企业家、公务员、医护人员、银行职员、工程师、营销人员等。 此次培训会议将按照地理和职业进行细分，将市场细分为一线城市的医护人员和医院管理人员。	一线城市人口多，经济较为发达，规模大、知名度高的医院较多，这些医院人文品牌建设迫在眉睫，因此此次会议营销采用的是集中性目标市场策略，主要针对一线城市规模大、知名度高的医院的医护人员和医院管理人员，目的是先在一线城市推广人文医院建设，以后再以一线城市为基点，向二三线城市辐射，推进人文医院建设，创新文化，创建品牌。	此次培训会议所采用的目标市场定位策略是创新定位。此次培训会议以国内外著名医院人文建设方面的成功管理经验作为案例进行分析，在目前中国会议市场中，人文医院建设方面的培训还很欠缺，此次人文医院建设培训会议的举办填补了会议市场上的空缺。

图 2-1-2　2018 年中国人文医院建设培训会议 STP 营销战略分析

任务拓展

STP 营销战略的优势

在初步了解 STP 营销战略理论后，我又整理了 STP 营销战略优势，总体来说有助于企业了解各细分市场的特点，发掘市场机会，开拓市场并且企业能够充分利用现有资源，获得竞争优势。具体地说有以下几点：

1. 有利于选择目标市场和制定市场营销策略

市场细分后的子市场比较具体，比较容易了解及满足消费者的需求，企业可以根据自己的经营思想、方针及生产技术和营销力量，确定自己的服务对象，即目标市场。较小的目标市场，有利于制定特殊的营销策略。同时，在细分的市场上，信息容易了解和反馈，一旦消费者的需求发生变化，企业可迅速改变营销策略，制定相应的对策，以适应市场需求的变化，提高企业的应变能力和竞争力。

2. 有利于发掘市场机会，开拓新市场

通过市场细分，企业可以对每一个细分市场的购买潜力、满足程度、竞争情况等进行分析对比，探索出有利于本企业的市场机会，使企业及时做出投产、移地销售决策或根据本企业的生产技术条件编制新产品开拓计划，进行必要的产品技术储备，掌握产品更新换代的主动权，开拓新市场，以更好地适应市场的需要。

3. 有利于集中人力、物力投入目标市场

任何一个企业的资源、人力、物力、资金都是有限的。通过细分市场，选择适合自己的目标市场，企业可以集中人、财、物及资源，去争取局部市场上的优势，然后再占领自己的目标市场。

4. 有利于企业提高经济效益

前面三个方面的作用都能使企业提高经济效益。除此之外，企业通过市场细分后，可以面对自己的目标市场，生产出适销对路的产品，既能满足市场需要，又可增加企业的收入；产品适销对路可以加速商品流转，加大生产批量，降低企业的生产销售成本，提高生产工人的劳动熟练程度，提高产品质量，从而全面提高企业的经济效益。

任务检测

我来练 Let's practice

一、实训题

由国际生态学协会和中国生态学学会共同举办的第十二届国际生态学大会于 2017 年 8 月 21 日至 25 日在北京召开，该大会每四年举办一次，是全球生态学界规模最大、学术水平最高、影响力最强的国际盛会，也是首次在中国召开。会议同期举办中国生态学年度盛会——第十六届中国生态学大会。

本届会议设有特邀大会报告、分会（专题）报告、学术墙报等交流形式，大会邀请国际生态学领域 12 位顶级专家做大会报告。会议同时举办与生态学研究领域相关的仪器、设备、软件和文献出版等的展览、展示会。

请对本次大会进行 STP 营销战略分析，具体要求如下。

（1）将全班分成若干小组，每组 4 ~ 6 人，以小组为单位对大会进行 STP 营销战略分析。

（2）通过小组讨论，制定工作步骤，确定相应的工作目标、工作内容、工作方法及人员分工，完成STP 营销战略分析。

二、填空题

1. STP 营销战略是指（　　）、（　　）、（　　）。
2. 有效的细分市场应具备（　　）、（　　）、（　　）、（　　）、（　　）等特点。
3. 目标市场选择策略有（　　）、（　　）、（　　）。

三、简答题

1. 请简述 STP 营销战略。
2. 什么是市场细分？
3. 常见的目标市场定位策略有哪些？

模块二　会议产品策划

学习目标

1. 能分析会议产品的类型。
2. 能简述会议筹备方案的主要内容。
3. 能拟写会议筹备方案。
4. 会归纳会议宣传资料的制作要素。
5. 能设计制作会议宣传资料。

情境呈现

新捷公司是上海一家著名的计算机软件公司，公司近期将要召开新开发的 TM 软件的全国经销商培训会议，预计参会人员 150 名左右。本次的会议策划工作将由会议策划组主管杨磊负责。接到任务后，杨磊立即召集会议筹备处的全体工作人员进行商讨，确定了主要工作内容后，大家各负其责，投入到了相关工作中。

任务一　认识会议产品

任务描述

我是陈帆，作为刚刚进入新捷公司不久的实习生，业务上还不太熟练，对会议产品也不太了解，公司最近要举办全国经销商培训会议，我需要查阅相关资料，对本次会议的类型进行定位。

任务分析

要想准确认识和定位会议，首先要全面认识会议产品的类型。

根据相关资料，会议的分类，如图 2-2-1 所示。然后根据会议类型的划分标准逐项、全方位地进行会议产品的分析、定位。

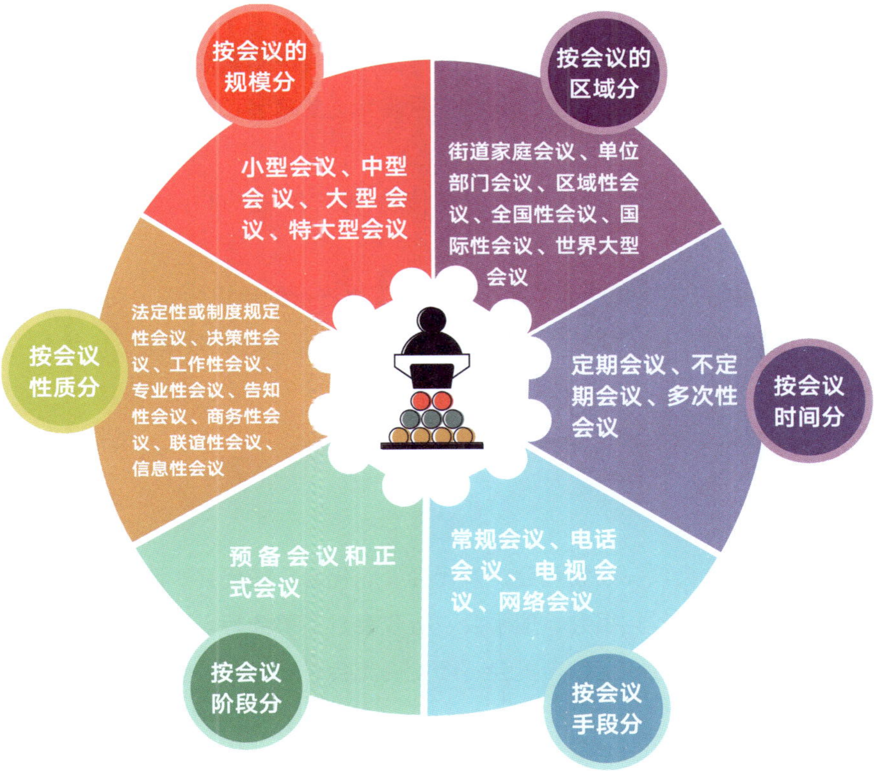

图 2-2-1　会议的分类

任务实施

我来学 Let's learn

认识会议产品

一、会议的概念

会议是指在特定的时间内，围绕特定的主题，将相关人员召集起来进行思想和信息的交流，通过讨论和商讨来认识问题、解决问题，从而达到特定目的的活动。

二、会议的类型

根据不同的标准，可以将会议划分为不同的类型。

1. 按会议的规模分

按会议的规模分，有小型会议（3~100 人）、中型会议（100~1000 人）、大型会议（1000~10000 人）和特大型会议（10000 人以上）。

2. 按会议的区域分

按会议的区域分，有街道家庭会议、单位部门会议、区域性会议、全国性会议、国际性会议、世界大型会议。

3. 按会议时间分

按会议时间分，有定期会议、不定期会议、多次性会议。定期会议是指有固定周期，定时召开的会议；不定期会议则是随时根据需要而召开的会议；多次性会议是指连续开两次以上的会议。

4. 按会议手段分

按会议手段分，有常规会议、电话会议、电视会议、网络会议等。

（1）常规会议：一般是指参会人员坐在同一个会场中，按照会议议程开会。

（2）电话会议：是指通过电话线路，将一个会场的声音信号传送到其他会场，让多个会场的人同时听会。

（3）电视会议：是指通过电视台或者有线电视信号将会场的声音和画面传到不同的会场中，让在异地会场的人有身临其境的感觉。

（4）网络会议：是利用网络技术进行会议信号的传递，会议的各方均可以通过网络进行发言、讨论，比电话、电视会议的单向沟通方式效果更好。

电话会议、电视会议、网络会议都属于运用现代技术工具进行的电讯会议，可以使与会人员在不同地方参会，大大节约了时间和成本，比常规会议要方便、快捷，提高了会议效率。

5. 按会议阶段分

按会议阶段分，有预备会议和正式会议。

6. 按会议性质分

按会议性质分，可分为：

（1）法定性或制度规定性会议，如党代会、人代会、职代会、妇代会、股东大会等。

（2）决策性会议，如常委会、党组会、理事会、行政会、董事会等。

（3）工作性会议，如动员大会、工作布置会、经验交流会、现场办公会、总结会、联席会、座谈会、协调会、务虚会等。

（4）专业性会议，如研讨会、论坛、听证会、答辩会、专题会、鉴定会等。

（5）告知性会议，如表彰会、纪念会、庆祝会、庆功会、命名会等。

（6）商务性会议，如招商会、订货会、贸易洽谈会、观摩会、广告推介会、促销会等。

（7）联谊性会议，如接见、会见、茶话会、宴会等。

（8）信息性会议，如新闻发布会、记者招待会、报告会、咨询会等。

小贴士

常见的会议类型

常见的会议类型如图 2-2-2 所示。

座谈会

电视会议

党代会

动员大会

表彰会

论坛

贸易洽谈会

新闻发布会

图 2-2-2　常见的会议类型

我来试 Let's try

了解了会议的概念和类型，我尝试对新捷公司全国经销商培训会议进行了分析和定位，如图 2-2-3 所示。

图 2-2-3　新捷公司全国经销商培训会议的类型划分

任务拓展

G20 峰会

G20 峰会已召开多次，你对它了解多少？ G20，也就是我们常说的二十国集团。简单来讲，它其实是一个国际经济合作论坛，由主要发达国家和新兴市场国家组成，于 1999 年 12 月 16 日在德国柏林成立。

G20 的成员包括：

（1）七国成员：美国、英国、德国、法国、日本、意大利、加拿大。

（2）金砖五国：中国、巴西、俄罗斯、印度、南非。

（3）其他七国：澳大利亚、阿根廷、墨西哥、韩国、印度尼西亚、沙特阿拉伯、土耳其。

（4）一个组织：欧盟。

为什么要成立 G20？ 1997 年爆发亚洲金融危机，此次金融危机不仅使亚洲一些大国的经济开始萧条，同时也带动了美欧国家股市、汇市的全面剧烈波动。为防止类似金融危机重演，G8 集团（指七国成员及俄罗斯的联盟）财长于 1999 年 9 月 25 日在美国华盛顿提出成立二十国集团。2008 年国际金融危机爆发后，为应对这场史无前例的危机，在美国的倡议下，G20 升格为领导人峰会。

G20 的重要性体现在：G20 的成员构成兼顾了发达国家和发展中国家以及不同地域利益的平衡，人口占全球的 2/3，国土面积占 60%，国内生产总值占 90%，贸易额占 75%。G20 主要讨论全球重大经济金融热点问题，为推动世界经济复苏及国际金融体系改革做出了重要贡献。每次 G20 峰会前不定期举行协调人会议及财长和央行行长会议，以及贸易、劳工就业、农业、能源、数字经济、卫生等专业部长会议。

中国是二十国集团的创始成员，并于 2005 年作为财长和央行行长会议主席国成功地举办了第七届二十国集团财长和央行行长会议。2015 年 12 月 1 日，中国正式接任二十国集团主席国。2016 年 9 月 4 日至 5 日，G20 峰会在中国杭州召开。

任务检测

我来练 Let's practice

一、实训题

请用不同的会议分类标准对 G20 峰会进行分类。

（1）将全班分成若干小组，每组 4 ~ 6 人，以小组为单位讨论 G20 峰会的会议类型。

（2）通过小组讨论，商定分类标准，确定 G20 峰会的会议类型。

二、填空题

1. 会议按时间分，可分为（　　）、（　　）、（　　）。
2. 商务性会议有（　　）、（　　）、（　　）等。

三、简答题

1. 什么是会议？
2. 如何将会议进行分类？

任务二　拟写培训会议筹备方案

任务描述

新捷公司的此次培训会议中，杨磊被任命为会议策划组主管。杨主管针对工作内容及成员的特长进行了细致的工作安排，分工到人，各负其责。

作为实习生，杨主管让我跟着在会议筹备方面经验丰富的何元学习，在何元的指导下，我逐步学习拟写培训会议的筹备方案。

任务分析

何元是个细致的师傅，他帮助我把整个会议策划工作内容进行了细化和分析，并制作了一份会议筹备方案流程图，如图 2-2-4 所示。

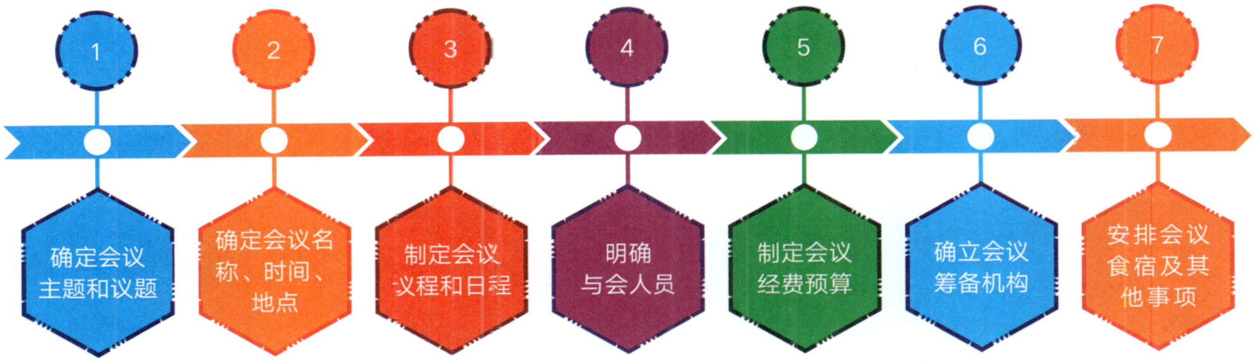

图 2-2-4　会议筹备方案流程

任务实施

会议筹备方案制定

我来学 Let's learn

一、会议主题和议题

会议主题是指关于会议所需要讨论研究的实质问题、要达到的目的。会议主题是一个会议的灵魂所在，所有会议议题都将围绕其展开。确定会议主题时要注意三点：一是要有切实的依据；二是必须要结合主办方的实际；三是要有明确的目的。

在确定会议主题的基础上，对主题进一步细化，确定付诸会议讨论或解决的具体问题，就形成了会议的议题。会议的议题应当尽可能地集中，不宜过多或过于分散。

二、会议名称

会议名称一般由四部分组成，分别是主办单位的名称、会议的主题、会议的类型以及会议的范围。一般来讲，应当根据会议的主题或议题确定会议的名称，并用确切、规范的文字表达出来，以便用于会议通知、会议宣传、会议布置等。会议名称应根据需要显示会议的内容、性质、参加对象、主办单位以及会议时间、届次、地点、范围、规模等因素。

三、会议时间

会议时间指会议日期或召开会议的具体时间。确定会议时间需要注意的问题：主要领导人、嘉宾、报告人是否能够出席；会议的各项组织和准备工作是否能够完成；会议相关材料是否有足够时间提交；确定会期的长短应当与会议的内容紧密联系；会议的具体日期是否具有政治、外交、宗教、民族风俗等方面的敏感性。冗长的会议是每位与会者反感的事情，确定会议时间，要注意提高效率，尽量开短会。

四、会议地点

会议地点既指会议的举办地，也指会议活动的场馆。选择会议地点要综合考虑以下因素：城市交通是否便利、会场大小是否合适、会场设施配置是否精良、环境是否安静、会议服务水平以及成本是否合理等。

五、会议议程和日程

1. 会议议程

会议议程是为完成议题而做出的顺序计划，即会议所要讨论、解决的问题的大致安排，会议主持人要根据议程主持会议。某农业大学 80 周年校庆筹备工作会议议程如表 2-2-1 所示。

表 2-2-1　某农业大学 80 周年校庆筹备工作会议议程

时间	2017 年 8 月 30 日下午 15：00
地点	某农业大学五楼会议室
与会人员	校庆全省各地市召集人、联络员，部分省外校友代表，企业家代表，学校党政领导、校庆筹备工作领导小组成员等
主持人	李 XX（校党委常委、副校长、校庆筹备工作领导小组副组长）
会议议程	一、校党委书记张 XX 代表学校致欢迎词； 二、校党委副书记、校长高 XX 通报前期筹备工作； 三、酝酿校庆筹委会名单（包括名誉主任、顾问、主任、副主任、秘书长、委员）； 四、征求校庆活动方案的意见； 五、讨论校友会筹备的相关工作（包括《某农业大学校友会章程》《某农业大学校友基金管理条例》等）； 六、座谈交流各地市校友联络情况，听取校友对校庆筹备工作的意见和建议； 七、企业家代表发言； 八、捐赠签字仪式； 九、全体与会人员合影留念

2. 会议日程

会议日程是根据议程逐日做出的具体安排，它以天为单位，是会议全程各项活动和与会者安排个人时间的依据。一般采用简短文字或表格形式，使人一目了然，如有说明可附于表后，会前发给与会者。博鳌亚洲论坛 2018 年年会日程（部分）如表 2-2-2 所示。

表 2-2-2 博鳌亚洲论坛 2018 年年会日程表（部分）

4 月 9 日			
时间	主题	地点	嘉宾
07：00~22：00	注册	培兰桥注册中心	
07：30~08：30	SK 早餐会 转型期企业的新使命	BFA 大酒店一层聚贤阁	
09：00~10：15	分论坛 1 亚洲经济预测	国际会议中心一层东屿宴会大厅 A	主持人 讨论嘉宾（略）
09：00~10：15	分论坛 2 政商关系的“亲”与“清”	国际会议中心一层东屿宴会大厅 B	主持人 讨论嘉宾（略）
09：00~10：15	分论坛 3 未来的交通	国际会议中心一层东屿宴会大厅 C	主持人 讨论嘉宾（略）
09：00~10：15	分论坛 4 21 世纪海上丝绸之路岛屿经济	国际会议中心一层东屿宴会大厅 D	主持人 讨论嘉宾（略）
09：00~10：30	CEO 圆桌：跨国公司投资新趋势	国际会议中心一层孔雀 1 厅	主持人 讨论嘉宾（略）
09：00~12：30	亚洲媒体高峰会议	三亚亚龙湾美高梅酒店	仅限受邀代表
09：00~10：00	博鳌亚洲论坛本届理事会会议	东屿岛大酒店和声厅	
10：00~10：30	博鳌亚洲论坛会员大会	东屿岛大酒店依永厅、长言厅	
10：30~11：15	博鳌亚洲论坛新一届理事会会议	东屿岛大酒店和声厅	
10：15~10：45	茶歇		
10：45~12：00	分论坛 5 未来的生产	国际会议中心一层东屿宴会大厅 A	主持人 讨论嘉宾（略）
10：45~12：00	分论坛 6 新兴经济体：资本外流与债务风险	国际会议中心一层东屿宴会大厅 B	主持人 讨论嘉宾（略）
10：45~12：00	分论坛 7 转型中的农民与农村	国际会议中心一层东屿宴会大厅 C	主持人 讨论嘉宾（略）
10：45~12：15	CEO 圆桌 5 “一带一路”：成功案例与经验分享	国际会议中心一层孔雀 1 厅	主持人 讨论嘉宾（略）
12：00~13：15	自助午餐	BFA 大酒店一层亚细亚、怡景西餐厅	

续表

4月9日			
时间	主题	地点	嘉宾
13：30~14：45	分论坛 8 新一轮技术革命	国际会议中心一层东屿宴会大厅 A	主持人 讨论嘉宾（略）
13：30~14：45	分论坛 9 从“大”到“伟大”：企业的蜕变	国际会议中心一层东屿宴会大厅 B	主持人 讨论嘉宾（略）
13：30~14：45	分论坛 10 粤港澳大湾区	国际会议中心一层东屿宴会大厅 C	主持人 讨论嘉宾（略）
13：30~14：45	电视辩论 1 龙象共舞：中印经济合作的潜力	国际会议中心一层东屿宴会大厅 D	主持人 讨论嘉宾（略）
13：30~15：30	中国 – 东盟省市长对话 5	东屿岛大酒店依永厅、长言厅	主持人 讨论嘉宾（略）
13：30~15：00	CEO 圆桌 6 能源资源：“一带一路”的新丝绸	国际会议中心一层孔雀 1 厅	主持人 讨论嘉宾（略）
14：45~15：15	茶歇		
15：15~16：30	分论坛 11 未来的通信	国际会议中心一层东屿宴会大厅 A	主持人 讨论嘉宾（略）
15：15~16：30	分论坛 12 亚洲经济一体化的“加速器”	国际会议中心一层东屿宴会大厅 B	主持人 讨论嘉宾（略）
15：15~16：45	CEO 圆桌 7 重振企业家的“精、气、神”	国际会议中心一层孔雀 1 厅	主持人 讨论嘉宾（略）
15：15~17：15	华商领袖与华人智库圆桌 8	东屿岛大酒店和声厅	
16：30~17：00	茶歇		
17：00~18：15	分论坛 13 物流的变革	国际会议中心一层东屿宴会大厅 A	主持人 讨论嘉宾（略）
17：00~18：15	分论坛 14 数字经济：智慧的价值	国际会议中心一层东屿宴会大厅 B	主持人 讨论嘉宾（略）
17：00~18：15	电视辩论 2 海外投资：回归审慎和理性	国际会议中心一层东屿宴会大厅 D	主持人 讨论嘉宾（略）
18：30~20：00	主题晚餐会 拉加德对话马云	BFA 大酒店一层聚贤阁中餐厅	主持人 讨论嘉宾（略）
18：30~19：30	自助晚餐	BFA 大酒店一层亚细亚、怡景西餐厅	
19：30~21：30	体育之夜：体育产业进化论	国际会议中心一层东屿宴会大厅 A	主持人 讨论嘉宾（略）
20：00~21：30	文化之夜 世界人文历史中的开放精神	东屿岛大酒店依永厅、长言厅	主持人 讨论嘉宾（略）

小贴士

会议议程和日程的编制顺序

会议议程的编制应在前，议程一旦确定，就不应再变。会议日程在时间、地点、人员等问题上，如遇到一些变化，可相应调整。

六、与会人员

要根据会议的性质和需要明确会议与会人员的范围，选择适当数量的人员。确定与会代表的组成，既不能过宽，也不能过严，要选择对实现会议目标有贡献或者因参与会议能够获得益处的人。

七、会议经费预算

举办任何一次会议都要消耗一定的人力、物力、财力，对会议的经费及其支出做出科学的预算是开好会议的重要保障。

会议经费预算一般包括以下费用。

（1）场地费用。一般包括会议场地租金、场地特殊设施租赁费用、场地装饰费用等。

（2）交通费用。一般包括接送站的交通费用、会议期间可能使用的交通费用等。

（3）食宿费用。如果住宿费用由主办方承担或补贴，则需要列入会议经费。餐饮费包括早餐、午餐、晚餐及特别宴请等所需费用。

（4）资料费用。一般包括筹备、宣传会议及完成会议议程所需的各类资料的费用。

（5）人员费用。一般包括支付给与会者和工作人员的补贴或劳务费，如专家报告费用、临时借用人员的劳务费等。

（6）其他费用。会议筹备到会议结束，还可能产生一些临时的费用，有些很难预先做出精确地预算，需笼统地做出计算，留出一部分资金备用。

八、会议筹备机构

大型会议需要确定筹备机构与人员分工，做到人有专职，事有专人，既分工负责，又协同配合。大型会议设立机构小组如下。

（1）会务组。负责会务组织、会场布置、会议接待等工作。

（2）秘书组。负责准备会议文件、做好会议记录等工作。

（3）宣传组。负责会议的对外报道、录音录像等工作。

（4）财务组。负责会议经费预算、统筹使用等工作。

（5）保卫组。负责会议的安全、保密等工作。

一般小型会议，只设立会务组负责全部事宜。

九、会议食宿安排及其他事项

会议的食宿安排，是指要确定会议餐饮和住宿的标准及落实食宿事宜。其他事项是指，如明确会议所需设备和工具、会议文件的范围等。

我来试 Let's try

在何元师傅的带领下，我一步一步地学会了拟定公司培训会议筹备方案，并做了详细的方案，具体实施步骤如图 2-2-5 所示。

培训会议筹备

确定会议主题和议题	会议主题：面向未来，携手共赢。 会议议题：主要围绕如何使用并推广软件以及公司未来的发展方向展开。
确定会议名称、时间和地点	会议名称：2017年新捷公司TM软件全国经销商培训会议。 会议时间：2017.11.20—2017.11.22。 会议地点：上海市虹桥路1446号古北湾大酒店。
制定会议议程和日程	见表2-2-3。
明确与会人员	如主要领导人、嘉宾、发言人、出席人员、列席或旁听人员等。
制定会议经费预算	见表2-2-4。
确立会议筹备机构	如会务组、财务组、秘书组、宣传组等。
安排会议食宿及其他事项	如酒店、餐饮额规格及会议所需设备等。

图 2-2-5　新捷公司经销商培训会议筹备方案

表 2-2-3　2017 年新捷公司 TM 软件全国经销商培训会议日程表

时间		活动内容	地点	负责人
11 月 20 日	下午	报到	上海古北湾大酒店大堂	杨梅 周平 何元
11 月 21 日	8：30~9：30	全体会议	上海古北湾大酒店二楼多功能会议厅	张涛
	9：30~10：00	新捷公司总经理邓晓致辞		
	10：00~10：20	新捷公司分管销售的王虹副经理宣读 2016 年优秀经销商名单		
	10：20~11：30	优秀经销商代表发言交流经验		
	12：00~13：00	中餐	上海古北湾大酒店三楼餐厅	杨梅 周平 何元
	14：30~15：30	全体会议	上海古北湾大酒店二楼多功能会议厅	张涛
	15：30~16：30	新捷公司产研部刘晓红部长进行新产品技术培训		
	16：30~17：30	新捷公司客户经理唐杰就各地资源分配及客户优惠政策讲话		
	18：00~19：00	晚餐	上海古北湾大酒店二楼餐厅	杨梅 周平 何元
11 月 22 日	8：30~9：30	全体会议	上海古北湾大酒店二楼宏远厅（产品展示厅）	张涛
	9：30~10：00	新捷公司邓仁总经理为现场订货会致辞		
	10：00~11：30	现场签订合同		
	12：00~13：00	中餐	上海古北湾大酒店二楼餐厅	杨梅 周平 何元
	13：30~17：00	参观游玩	新捷公司苏州分公司生产基地	杨梅 周平 何元
	18：00~19：00	晚餐	上海古北湾大酒店二楼餐厅	杨梅 周平 何元

表 2-2-4　会议经费预算明细表

开支项目名称	费用预计（元）
文件资料费	5000
通信费	4000
会议场所租用费	20000
工作人员劳务费	10000
宣传报道费	8000
住宿费	24000
餐饮费	30000
交通费	30000
参观费	15000
其他	10000
合计	156000

小贴士

会场座位格局

会场座位格局主要有以下几种。

1. 上下相对式座位格局

上下相对式座位格局的主要特点是主席台和代表席面对面摆放，可以突出主席台的位置，会场气氛比较严肃和庄重，适用于大中型报告会、总结表彰会、代表大会等（图 2-2-6）。

图 2-2-6　上下相对式座位格局

2. 全围式座位格局

全围式座位格局的主要特点是不设主席台，所有人围坐在一起，会场氛围比较融洽，适用于小型会议、会谈会、协商会等（图 2-2-7）。

图 2-2-7　全围式座位格局

3. 半围式座位格局

半围式座位格局的主要特点是在主席台正面或侧面安排代表席，形成半包围的形状，适用于研讨会、中型会议等（图 2-2-8）。

图 2-2-8　半围式座位格局

4. 分散式座位格局

分散式座位格局的主要特点是由若干个会议桌组成，每一个会议桌都是一个会议交流中心，适用于大型的联欢会、茶话会等（图 2-2-9）。

图 2-2-9　分散式座位格局

5. 并列式座位格局

并列式座位格局的主要特点是双方位置面对面并列式、侧面并列式或弧形并列式，适用于双边会见和会谈（图 2-2-10）。

图 2-2-10　并列式座位格局

任务拓展

初步完成会议筹备方案后，师傅告诉我，会议筹备方案越详细越能减少意外情况的发生。但紧急和意外事件不可能完全避免，所以我们还需要拟定出应急预案，以保障在出现意外时将影响降到最低。

某企业大型工作会议应急预案

为了确保本次会议的顺利进行，必须做好相应的安排，保证与会人员的正常出席。同时，要做好会议期间的消防安全管理工作，杜绝火灾及其他险情的发生，保证会议的圆满召开，因此拟定应急处理预案。

1. 风险注意

（1）会议入场、散场期间：若遇天气变化如刮风、下雨、中暑，可能造成人员挤伤、摔伤、扭伤等意外事故。

（2）会议期间：供电线路、照明灯光、音响设备等电器设备可能出现无法正常工作的情况，影响会议的正常召开；参会人员突发疾病情况，造成会议无法正常举行；主讲人缺席或临时出现其他状况；会议召开时，可能会出现捣乱滋事情况，影响会议的正常举行；停电情况；火灾情况；拥堵事件等。

（3）会议结束后：散场物资回收、废弃物造成的环境污染。

2. 应急处理措施

（1）会议开始前，对工作人员讲明安全注意事项，进行应急预案的预演。

（2）所有参会人员必须有次序地进入会场，避免入场拥挤以及闲杂人员进入。

（3）会前对会场周围进行彻底清查，禁止消防通道堆放杂物；对所有供电线路、灯光照明线路和音响设备进行彻底检查，避免电器设备存在漏电的隐患；在会议期间安排专人进行巡视，保证会议期间的正常运行。

（4）掌握企业可用音响设备的类型和存放位置的清单，并且事先了解会场附近的租用设备公司的电话和地址，备有紧急维修师的姓名和电话。

（5）会议前，要配备应急药品和相关物品，轻者就地处置，及时将伤者或病者送医院救治；伤情严重时应立即拨打急救电话（120）求救，重病者送医院。

（6）会议前，确定主讲人是否能准时到达会场。如果证实无法出席，备好替代的主讲人，准备好相关资料。

（7）会议期间，要禁止外来人员进入会场，若有滋事者请求现场警察给予协助，并拨打 110 报警。会议过程中有打架斗殴或其他争吵时现场工作人员应立即制止，必要时请求警察帮助。

（8）活动前做好场地电力、照明的排查工作；活动前要告知参会人员若忽然停电应保持安静，不要乱动，并通知相关人员应尽快打开应急照明设备设施。

（9）应提前半天确定场地情况，确定是否可以使用，并且要在附近安排备用场地。如果场地无法使用，就启用备用场地，利用 1 小时的时间做好场地布置，并及时通知与会人员新的会议地点，对更换场地所带来的不便道歉。

（10）出现火灾时，灯光组立即切断电源，停止一切运转设备；现场负责人立即有序地从安全通道疏散人员，并及时向大会总负责人高 X 汇报（手机 137XXXXXXXX）；现场负责人立即组织人员利用现有消防设备进行灭火，控制火源继续蔓延。同时，根据火势情况拨打火警电话（119），报告着火地点、火势情况，并进行现场警戒，等消防人员进行扑救。

（11）出现拥堵现象时：

① 1 号门由杨 XX 及一组门卫负责，主要工作是及时疏导和控制参会人员进出，防止因人员聚集而堵住入口处。

② 2 号门由余 XX 负责，如有紧急情况，应及时打开 2 号门疏散人员。

③ 刘 XX 安排安全员把守各要道口，防止参会人员原地返回而造成进出人员汇流。

④ 刘 XX 负责安全保卫工作。做到防止人行通道堵塞，并及时疏导其他场所的人员到达指定场所活动。

⑤ 散场时，各要道口安全值班人员要主动指挥参会人员按规定路线离开。

⑥ 如遇突发事件，情况汇报流程如下：

治安具体工作人员→高 X →刘 XX →余 XX、杨 XX。

⑦ 如遇突发事件，突发事件领导小组成员应立即赶到现场，采取果断有效措施，运用相应的对策尽快解决，防止事态扩大。

（12）造成人员伤害时：

① 当发生事故并造成人员受伤时，刘 XX 负责报打 120 和引导救护车，医务人员立即组织抢救；伤员送最近的医院急救。

② 余 XX、杨 XX 第一时间赶赴现场组织指挥；张 X 及会场提供方等在事发后做好善后工作。

（13）加强管理，会议前打开所有安全通道，并严禁在场内吸烟、乱扔果皮杂物；会议期间，工作人员要履行好各自工作职责；会议结束后及时清理场内外垃圾及其他废弃物，以防止环境污染。

3. 应急处理方案工作人员任务分工

总负责人：高 X

现场负责人：刘 XX

安全门及通道负责人：余 XX、杨 XX、陈 XX、李 XX 、张 X

通讯联络负责人：刘 XX

4. 相关负责人电话

（略）

总负责人（签名）： 高 X

2017 年 9 月 20 日

任务检测

我来练 Let's practice

一、实训题

上海市电子信息行业协会工作交流暨信息化培训会议将于2018年4月20日召开，邀请各区县分管信息化工作的负责人、市电子信息行业协会会员单位的主要负责人参加。假设你是本次培训会议筹备组的组长许建，请负责以下会议方案的制定工作，具体要求如下。

（1）将全班分成若干小组，每组4～6人，以小组为单位拟写一份培训会议筹备方案。

（2）以小组为单位，拟写一份培训会议应急预案。

（3）通过小组讨论，制定工作步骤，确定相应的工作目标、工作内容、工作方法及人员分工，完成方案拟写。

二、填空题

1. 确定会议主题时应做到（　　）；（　　）；（　　）。
2. 会议地点既指会议的（　　），也指会议活动的（　　）。

三、简答题

1. 会议名称一般由哪几部分组成？
2. 会议的时间和地点策划应注意哪些因素？
3. 什么是会议议程，什么是会议日程？
4. 会议经费预算一般包括哪些费用？
5. 一般大型会议设立的机构小组有哪些？

任务三　设计制作培训会议宣传资料

任务描述

在学习了拟写会议筹备方案后，我接着开始向何元师傅学习设计制作培训会议宣传资料。首先需要掌握设计会议宣传资料的流程。

任务分析

在何元的指导下，我整理出制作培训会议宣传资料的流程，如图 2-2-11 所示。

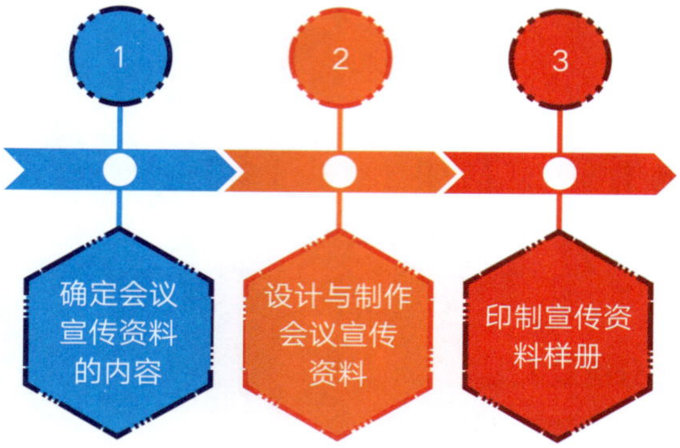

图 2-2-11　制作会议宣传资料的流程

任务实施

我来学 Let's learn

一、会议宣传资料的作用

（1）提供会议的基本信息和大致框架。为潜在与会者提供足够的信息，他们才会决定是否参会。所提供的信息可以让与会者做好各方面的准备工作，以便以最佳状态参会。

（2）提供会议的报名、食宿、交通等信息，以便与会者与联系人联系，并提前做好会议所在地的生活安排。

（3）强调参加会议的好处，吸引潜在与会人员。会议宣传资料应强调此次会议的优势，参与会议能得到什么利益，让潜在与会人员排除疑虑，积极报名参加会议。

二、会议宣传资料的内容

（1）会议的基本情况介绍，包括会议名称、会议主题、举办时间、地点及议程安排等。

（2）此次会议的优势，主要是让与会者了解会议能给他们带来什么利益。

（3）会议的配套设施服务。

（4）报名注册信息，包括会议报名方式、联系方式、费用等。

三、会议宣传资料的设计与制作要求

（1）会议宣传资料风格呼应会议主题。会议宣传资料风格设计可以多样，但是要注意体现会议的主题，并具有个性。

（2）应该使用准确、简短明了的语句。语句过长、词语生僻、内容烦琐会让读者失去兴趣，准确使用词语、使用简单句式更能吸引人的注意力。

（3）谨慎使用字体。最好选择简单易认、大小合适的字体，在一份宣传资料中出现的字体种类一般不要超过三种。

（4）醒目标出会议关键信息。如会议时间、地点、报名联系方式、参会费用等信息。

（5）会议宣传资料设计要有美感。充分利用精心制作的图片展示会议信息，让读者觉得赏心悦目。另外，会议宣传资料的空白地方不需要填满，而是战略性地使用空白区域，这样不会让人产生阅读疲劳。

四、印制宣传资料样册

样册是在正式印刷之前根据宣传资料的原稿排版后印出供校对用的校样。在印刷之前先出一份宣传资料的样册，以检查其中是否存在清晰度、拼写和语法等方面的问题。同时也要对整体内容、风格、吸引力状况进行评估。

小贴士

设计会议宣传资料应注意的几个关键问题

1. 宣传资料的长度

宣传资料的长度取决于两点：一是受众需要信息量的多少，二是宣传资料的发放顺序。一般来说，第一份宣传资料尽可能简短，但后来的资料应稍长一些。因为第一份资料引起了受众的兴趣之后，他们希望获得更详细的信息。

2. 宣传资料中的语言

编写宣传资料时尽量使用主动语气，多用普通用语、语法，便于潜在与会者阅读。宣传资料中应尽可能少使用专业术语，因为不是所有人都能理解专业术语，过多的专业术语会降低潜在与会者阅读的兴趣。

3. 宣传资料中信息的排放顺序

宣传资料中包含很多信息，从关于会议的最初信息开始，到必要信息，最后则是注册表或回执等反馈信息，所有信息应该按照一定的顺序排放。

我来试 Let's try

在何元师傅的指导下，我同会议策划组的同事们一起完成了此次培训会议宣传册的设计制作，如图2-2-12所示。

确定会议宣传资料的内容

（1）会议的基本情况介绍。

会议名称：2017年新捷公司TM软件全国经销商培训会。

会议主题：新捷公司最近新开发了TM软件，为了让全国的经销商了解并掌握最新技术，促进经销商之间的交流，现面向全国召开“2017年新捷公司TM软件全国经销商培训会”。

举办时间：2017年11月20日～11月22日。

议程安排：详情如表 2-2-3 所示。

（2）此次会议的优势。

让全国的经销商了解并掌握TM软件最新技术，促进经销商之间的交流。

（3）会议的配套设施服务。

（4）报名注册信息。

联系人：杨梅 136XXXXXX　何元 135XXXXXX

联系电话：021-6433 XXXX 传真电话：021-6433 XXXX

联系地址：上海市黄浦区X路192号　电子邮箱：XXX@163.com。

设计与制作会议宣传册

本次会议宣传册的风格设计、版面设计以及文字、图片与制作如图2-2-13所示。

检查宣传资料样册

在检查校样时，应注意图片、文字、色彩、尺寸、版面等各方面的细节处理，以确定印刷出来的效果令人满意。

图 2-2-12　培训会议宣传册的设计与制作

图 2-2-13　新捷公司 TM 软件全国经销商培训会宣传册（1）

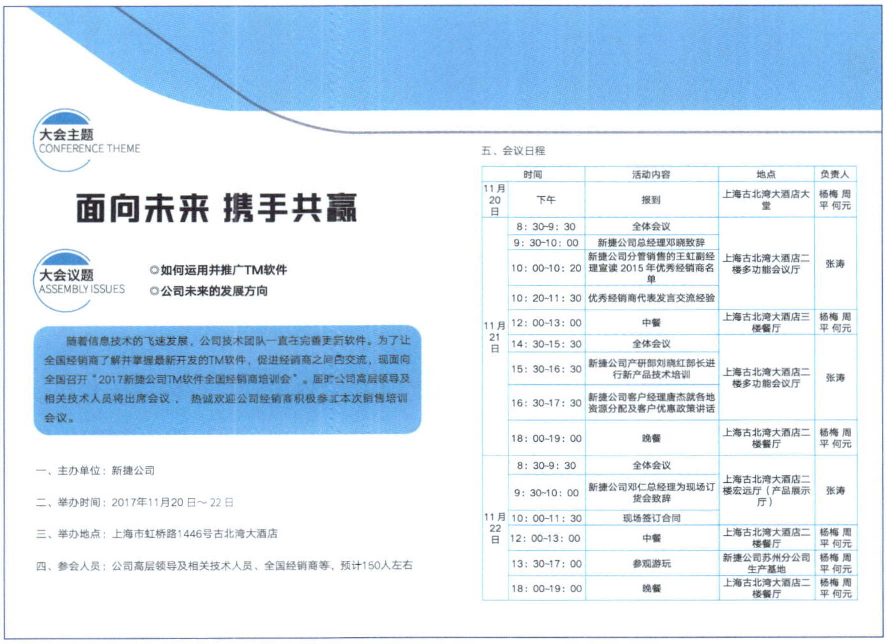

大会主题
CONFERENCE THEME

面向未来 携手共赢

大会议题
ASSEMBLY ISSUES

◎如何运用并推广TM软件
◎公司未来的发展方向

随着信息技术的飞速发展，公司技术团队一直在完善更新软件。为了让全国经销商了解并掌握最新开发的TM软件，促进经销商之间的交流，现面向全国召开“2017新捷公司TM软件全国经销商培训会”。届时公司高层领导及相关技术人员将出席会议， 热诚欢迎公司经销商积极参加本次销售培训会议。

一、主办单位：新捷公司

二、举办时间：2017年11月20日～22日

三、举办地点：上海市虹桥路1446号古北湾大酒店

四、参会人员：公司高层领导及相关技术人员、全国经销商等，预计150人左右

五、会议日程

时间		活动内容	地点	负责人
11月20日	下午	报到	上海古北湾大酒店大堂	杨梅 周平 何元
11月21日	8：30-9：30	全体会议	上海古北湾大酒店二楼多功能会议厅	张涛
	9：30-10：00	新捷公司总经理邓晓致辞		
	10：00-10：20	新捷公司分管销售的王虹副经理宣读 2015 年优秀经销商名单		
	10：20-11：30	优秀经销商代表发言交流经验		
	12：00-13：00	中餐	上海古北湾大酒店三楼餐厅	杨梅 周平 何元
	14：30-15：30	全体会议	上海古北湾大酒店二楼多功能会议厅	张涛
	15：30-16：30	新捷公司产研部刘晓红部长进行新产品技术培训		
	16：30-17：30	新捷公司客户经理唐杰就各地资源分配及客户优惠政策讲话		
	18：00-19：00	晚餐	上海古北湾大酒店二楼餐厅	杨梅 周平 何元
11月22日	8：30-9：30	全体会议	上海古北湾大酒店二楼宏远厅（产品展示厅）	张涛
	9：30-10：00	新捷公司邓仁总经理为现场订货会致辞		
	10：00-11：30	现场签订合同		
	12：00-13：00	中餐	上海古北湾大酒店二楼餐厅	杨梅 周平 何元
	13：30-17：00	参观游玩	新捷公司苏州分公司生产基地	杨梅 周平 何元
	18：00-19：00	晚餐	上海古北湾大酒店二楼餐厅	杨梅 周平 何元

图 2-2-13　新捷公司 TM 软件全国经销商培训会宣传册（2）

任务拓展

会议宣传海报

会议宣传品除了宣传册还有宣传海报，海报的内容一般包括：

（1）会议名称、会徽。

（2）会议日期、地点。

（3）会议的主办单位。

（4）会议摘要（会议内容或主题）。

（5）会议标语。

《财富》全球论坛你听说过吗？该论坛是由美国时代华纳集团所属的《财富》杂志于 1995 年创办的，每 16 至 18 个月在全球范围内选一个具有吸引力的“热门”地点举行一次，邀请全球跨国公司的主席、总裁、首席执行官、世界知名的政治家、政府官员和经济学者参加，共同探讨全球经济所面临的问题。

2017 广州《财富》全球论坛于 2017 年 12 月 6 日在广州开幕。包括 152 家世界 500 强企业在内的近 400 家中外企业参会，超过 1000 名中外各界代表出席本届论坛，参会 500 强企业数量及 CEO 数量均达到历年之最。图 2-2-14 是 2017 广州《财富》全球论坛的宣传海报。

图 2-2-14　2017 广州《财富》全球论坛宣传海报

任务检测

我来练 Let's practice

一、实训题

请查看前面提到的上海市电子信息行业协会工作交流暨信息化培训会议项目，制作相关会议宣传资料，具体要求如下。

（1）将全班分成若干小组，每组 4 ~ 6 人，以小组为单位制作本次会议的宣传资料。

（2）通过小组讨论，制定工作步骤，确定会议宣传资料内容、设计风格等，制作一份精美的会议宣传册和一张会议海报。

二、填空题

1. 会议宣传资料的内容包括（　　）；（　　）；（　　）；（　　）。

2. 会议宣传资料风格设计可以多样，但是要注意体现会议的（　　），并具有（　　）。

三、简答题

1. 会议宣传资料的作用有哪些？

2. 会议宣传资料应包含哪些内容？

3. 请阐述会议宣传资料的设计要求。

模块三　会议营销策略应用

学习目标

1. 能简述 4P 营销策略。
2. 能分析影响会议产品定价的因素。
3. 会运用会议产品定价方法。
4. 会分析会议产品策略、价格策略、渠道策略和促销策略。

情境呈现

搜狗是搜狐公司旗下的子公司，于 2004 年 8 月 3 日成立，目的是增强搜狐网的搜索功能，主要经营搜狐公司的搜索业务，同时推出搜狗输入法、搜狗高速浏览器等。为进一步加强代理商对搜狗品牌和搜狗产品的认可程度，提高代理商的签单能力，搜狗于 2017 年 6 月在北京召开“2017 搜狗销售精英培训会”，邀请外脑培训师进行精彩演讲。本次的会议营销工作由公司资深的业务经理张涛负责。经过商讨和梳理，在明确工作任务后，张经理带领工作组人员展开了工作。

任务描述

在搜狗此次销售精英培训会中，会议营销工作将由公司资深的业务经理张涛负责，张经理针对工作内容及成员的特长进行了细致的工作安排，分工到人，各负其责。

我是公司新进的实习生李明，张经理让我先对营销组合策略 4P 理论进行深入了解。

任务分析

在查阅资料后，我对 4P 理论有了一定的认识，即产品策略（Product）、价格策略（Price）、渠道策略（Place）、促销策略（Promotion），如图 2-3-1 所示。

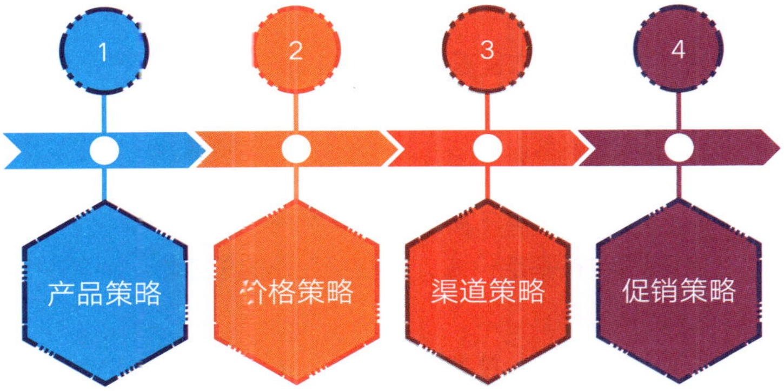

图 2-3-1　4P 营销策略

任务实施

我来学 Let's learn

分析培训会议营销策略

一、会议营销产品策略

产品策略是 4P 营销策略的核心，是价格策略、渠道策略和促销策略的基础。会议营销产品策略是指向市场提供的与会议产品有关的策划与决策。会议产品主要提供的就是服务，在制定会议营销产品策略时，要明确能提供什么样的服务来满足与会者的要求。

二、会议营销价格策略

1. 会议营销价格策略的概念

会议营销价格策略是指通过预测与会者的需求与分析会议产品成本，选定一种吸引与会者的价格。

2. 影响会议产品定价的因素

（1）会议产品成本，包括会议策划等生产成本、销售成本和机会成本。机会成本是放弃另一项活动而损失的收益。

会议产品成本是会议产品价格中最重要的因素。会议产品成本高，产品价格就高，反之亦然。

（2）会议市场因素，包括会议市场供求状况和会议市场竞争状况等。

① 会议市场供求状况。制定会议产品价格时必须考虑会议市场的供求状况。当会议市场需求大于供给时，价格应高一些；当会议市场需求小于供给时，价格应低一些。反过来，价格变动也会影响会议市场需求总量，从而影响销售量。因此，企业制定价格就必须了解价格变动对市场需求的影响程度，即会议产品的需求价格弹性系数。需求价格弹性系数是指在一定时期内，某种商品的价格变动的百分比与其需求变动的百分比的比值。

② 会议市场竞争状况。竞争越激烈，对价格的影响就越大。按照竞争的程度，可分为完全垄断、完全竞争和不完全竞争三种情况。

（3）其他因素，包括会议产品的形象因素、政府或行业组织干预等。

① 会议产品的形象因素。会议产品的档次、服务水平的高低也会影响会议产品价格的高低。一般来讲，会议产品档次高、服务水平高，会议产品价格就高，反之亦然。

② 政府或行业组织干预。政府会指导价格制定，规定定价范围或者计划指导价格。为避免同行业盲目竞争，政府会采取计划指导，由同行业营销者共同协商制定产品的统一价格，这样有利于市场竞争。

3. 会议产品定价方法

（1）成本导向定价法。成本导向定价法是根据成本加上预期利润确定产品价格，具体有以下几种方法：

① 成本加成定价法。即将所有生产产品的耗费都计入总成本，计算出单位总成本后加上预期的利润所定的售价，其公式为：

单位产品销售价格 = 单位产品总成本 ×（1+ 目标利润率）

② 目标利润定价法。又称投资收益率定价法，是根据企业的总成本、预期销售量和投资回收期等因素而制定的产品销售价，其公式为：

产品出厂价格 =（单位变动成本 + 单位固定成本）×（1+ 成本利润率）÷（1- 销售税率）

（2）需求导向定价法。即以需求为中心的定价方法，根据顾客对产品价值的认知和需求程度来确定产品价格。

（3）竞争导向定价法。企业通过研究竞争者的生产条件、服务状况、价格水平等因素，参考自身的竞争实力、市场供求状况等制定有利于自身竞争的产品价格。

三、会议营销渠道策略

1. 会议营销渠道策略的概念

会议营销渠道策略是指企业选择将会议产品转移到与会者的最佳途径，是整个营销系统的重要组成部分。

2. 会议营销渠道类型

会议营销渠道一般分为直接式营销渠道和间接式营销渠道。

直接式营销渠道是企业采用产销合一的经营方式，即与会者参加会议不经过任何中间环节。间接式营销渠道是指与会者参加会议要经过若干中间商的营售渠道，由于有中间商加入，企业可以利用中间商的知识、经验和关系，从而起到简化交易，缩短买卖时间，集中人力、财力和物力用于发展，增强产品的销售能力等作用。

会议营销多采用直接式营销渠道，直接式营销渠道销售及时、中间费用少，具有便于控制价格、及时了解市场、有利于提供服务等优点。

四、会议营销促销策略

（一）会议营销促销策略的概念

会议营销促销策略是指利用信息传播方式，运用人员销售、广告、公共关系和营销推广等促销手段，向与会者传递会议产品信息，引起他们的注意和兴趣，激发他们参会的行为，以达到扩大销售目的的活动。

（二）会议产品促销的手段

1. 人员销售

人员销售是指企业通过派出或委托销售人员亲自向顾客介绍、推广、宣传等方式，以促进会议产品的销售。人员销售可以通过电话、面谈等方式宣传会议，并和与会者进行交流。除销售会议产品外，还可以收集市场信息，发现与会者需求，为开拓新市场做准备。

2. 广告销售

广告销售是企业以付费的方式，通过一定的媒介，向广大目标顾客传递信息的宣传手段。广告传播面广，传递信息快速，能够引起顾客的注意，激发顾客的购买行为。

3. 公共关系销售

公共关系销售是指企业通过有计划的长期努力，利用传播手段，树立良好形象，影响团体和公众对企业的态度，从而间接促进会议产品的销售。

4. 营业推广销售

营业推广销售又称销售促进，是指除广告、人员销售、公共关系之外，刺激性较强并能有效激发顾客购买的一切促销方式。一般营业推广销售是短期性的，刺激性强，吸引力大，能够刺激顾客快速产生购买行为。

这四种促销方式具有不同的特点，促销时可以选择一种或者几种组合使用，以达到更好的促销效果。

小贴士

一般会议营销组织结构如图 2-3-2 所示。

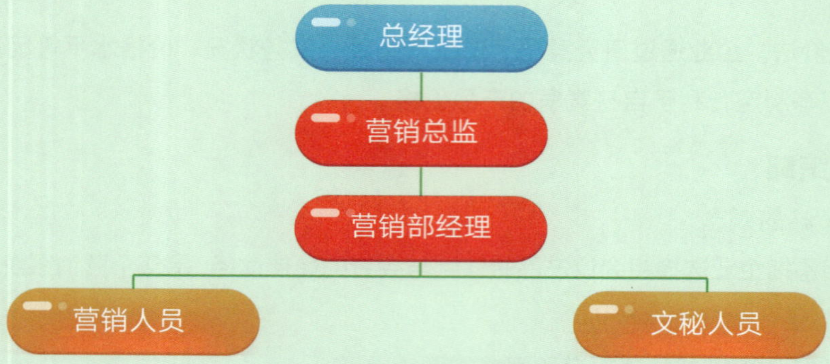

图 2-3-2　会议营销组织结构

我来试 Let's try

通过跟师傅张涛的学习，我尝试做了此次培训会议的 4P 营销策略分析，如图 2-3-3 所示。

产品策略 → 搜狗将于 2017 年 6 月在北京召开“2017 搜狗销售精英培训会”，培训会上将邀请外脑培训师进行精彩演讲，学员们在培训会上可以与主讲的老师们互动，并组织多名会员进行销售经验的精彩分享，提高代理商的签单能力。

价格策略 → 此次搜狗销售精英培训会，旨在加强代理商对搜狗品牌和搜狗产品的认可程度，提高代理商的签单能力。在定价时，主要考虑会议产品的成本及搜狗的品牌形象，以树立品牌形象为定价原则，因此会议产品价格采取成本导向定价法。

渠道策略 → 此次培训会议采用的是直接式营销渠道，主要通过总公司直接向分公司和代理商开展培训会议宣传。

促销策略 →

（1）企业形象宣传。

搜狗是搜狐公司旗下的子公司，搜索功能强大，搜狗在产品研发的过程中一直追求技术创新，基于搜索技术，搜狗还推出了若干桌面应用产品。除此之外，搜狗还热衷于社会公益，曾向清华大学捐赠成立了“清华大学天工智能计算研究院”，并联合“MB 月光宝盒”，共同推出“关爱随身宝”基金计划。

（2）人员销售。

会议销售人员通过电话、邮件等方式对分公司和代理商进行会议宣传，解答会议相关问题。

图 2-3-3　2017 搜狗销售精英培训会 4P 营销策略分析

任务拓展

4C 营销理论

对应传统的 4P 营销理论，有专家提出了新观点 4C 营销理论，它强调企业首先应该把追求顾客满意放在第一位，产品必须满足顾客需求，同时降低顾客的购买成本，产品和服务在研发时就要充分考虑客户的购买力，然后要充分注意到顾客购买过程中的便利性，最后还应以顾客为中心实施有效的营销沟通。4C：

（1）顾客（Customer），顾客的需要与欲望。

（2）成本（Cost），顾客购买的成本。

（3）方便（Convenience），顾客购买的便利性。

（4）沟通（Communication），与顾客沟通，维护与顾客的良好关系。

下面是运用 4C 营销理论对 XX 连锁酒店集团的 4C 营销策略进行分析。

目前，XX 连锁酒店最大的顾客群体主要集中在中小企业商务人士及“背包族”。对于这类消费者而言，酒店环境舒适卫生安全、价格经济实惠、出入交通便利、手续办理快捷高效，是他们选择酒店时最为关注的几个因素。对此，XX 连锁酒店将“顾客感受第一”的理念贯彻始终，将核心消费者锁定，并提供个性化服务。

1. 以消费者需求为核心，注重品牌体验式服务

（1）全面提高产品质量。酒店高度关注顾客“天天睡好觉”的核心需求，并以此为根本出发点力求为顾客打造一个舒适如家的住宿环境。在保持原有价格优势的前提下，通过配置高质量淋浴设备、五星级标准大床，通过改善营养早餐搭配、提供睡前牛奶、实现洁净毛巾封包、升级隔音设施和室内拖鞋等措施，全面提高各项产品品质及舒适度。

（2）营造快乐服务氛围。酒店服务人员数量不多，但基本都是 20 岁左右的年轻人，充满朝气、善于沟通。不管是前台接待还是电话咨询都给人热情大方的感觉，有效减少了顾客来到异地时的陌生感，有助于顾客放松心情，营造一种轻松氛围。

2. 以“经济实惠”为中心，力求控制客户成本

为了满足消费者的“实惠”要求，酒店全面控制成本，在硬件设施配置上用心斟酌，摈弃了传统酒店客房中大衣柜、笨重书桌、浴缸等物品，转而将简约、实用、清新、便利的宜家式板式组合家具融入客房设计中，注重增添客房“家”的温馨感和实用性。

3. 以“便捷”为重心，为客户带来方便快捷的服务

（1）交通环境便捷。酒店分店一般位于交通便利的地方，如交通枢纽（市内长途汽车站、火车站等）、主要会所（会议中心、展览中心等）、各大地标性建筑（上海东方明珠电视塔、重庆解放碑等）附近，很大程度上满足了顾客出行方便的要求。

（2）预订方式高效。该酒店成功缔造了中国酒店业第一电子商务平台，同时还建立了互联网络、呼叫中心、短信预订、手机 WAP 及店务管理等一体化系统，顾客足不出户就能通过 4 种便捷方式完成客房资源的实时查询、预订、确认、支付等流程。这样既节约了顾客的时间、精力，又节约了酒店的人力资源成本，而且非常符合当代消费者“网络化”的生活特点。

（3）网络信息分享便利。

① 连锁分店信息全面化。在其主页上提供了各家分店的详细信息，包括整体情况介绍、电子地图、会员评价、预订情况、房间价格、设施配套情况、乘车路线等，让顾客在预订之前能做出有效的选择，提前熟悉异地环境。

② 城市资讯向导化。为了给顾客提供更加丰富的信息，酒店联合口碑网，将相关城市的特色餐饮、娱乐、交通及其他的生活资讯通过网络与消费者实现共享，成为名副其实的“网络导游”。

4. 以“真诚相待”为宗旨，实现交流方式多样化

（1）网络信息丰富实用。酒店主页设置了“会员分享”板块，为非会员顾客提供了一个入住经验分享的自由平台。同时，“24 小时客服小秘书”及时在线回答最新活动、积分管理、预订导航、入住宝典等各类业务问题，让顾客通过网络与酒店零距离接触。

（2）信息反馈积极互动。针对网上预订且本人入住的顾客，酒店设计出了“XX 连锁酒店服务质量调查”问卷，并配备了增加积分政策，鼓励顾客在亲身入住体验之后积极填写信息反馈表；同时，通过不定期召开会员主题座谈会等倾听来自顾客的声音，以作为不断改进的重要参考。

（3）精彩活动推陈出新。通过开展一系列公益捐款、会员优惠、半价兑换、获取电子抵用券、征稿等增值活动，有效调动顾客的参与积极性。这种做法既保护了连锁酒店价格体系的稳定，又对消费者变相提供了不同质量水平的服务。

任务检测

我来练 Let's practice

一、实训题

在前面提到的第十二届国际生态学大会暨第十六届中国生态学大会于 2017 年 8 月 21 ~ 25 日在北京召开。请结合所做的 STP 战略分析，对大会进行会议营销策略分析，具体要求如下。

（1）将全班分成若干小组，每组 4 ~ 6 人，以小组为单位对大会进行 4P 营销策略分析。

（2）通过小组讨论和分工合作，完成第十二届国际生态学大会暨第十六届中国生态学大会的 4P 营销策略分析。

二、填空题

1. 影响会议产品价格的因素有（　）、（　）、（　）。
2. 成本加成定价法中，单位产品销售价格 = 单位产品（　）×［1+（　）］。
3. 会议营销渠道一般分为（　）、（　）两种渠道。

三、简答题

1. 请简述会议 4P 营销策略。
2. 什么是会议营销产品策略？
3. 会议产品定价方法有哪些？
4. 会议产品促销手段有哪些？

项目三

展览营销

导学

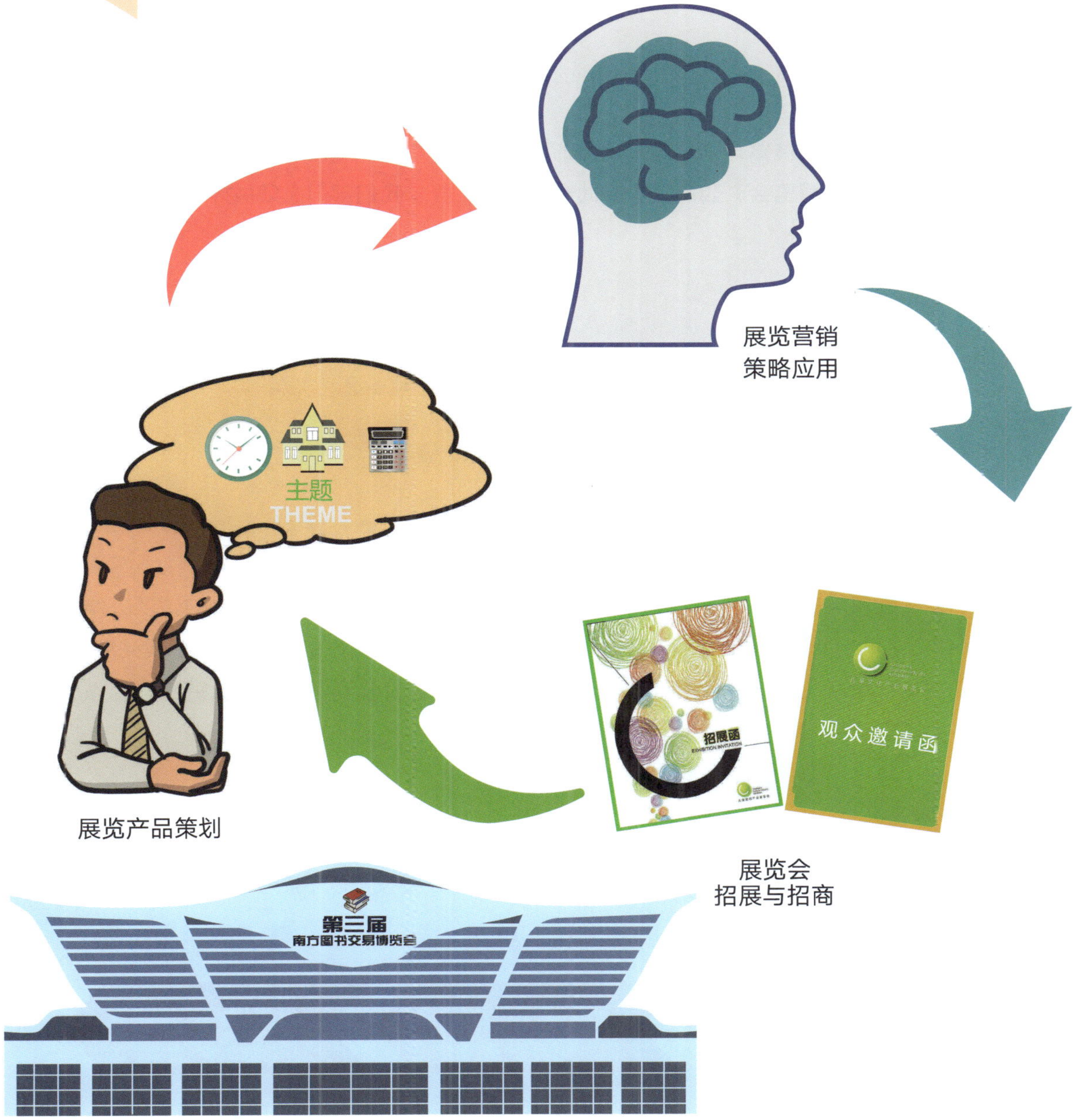

模块一　展览产品策划

学习目标

1. 能简述展览产品的概念。
2. 会归纳展览主题策划的要素。
3. 能说明展览主题策划的要求。
4. 能简述展览立项策划的基本内容。
5. 能辅助展览会立项策划。

情境呈现

我叫叶明，是丰和展览有限公司策划部的策划助理。最近，华南地区江源省依云市将要举办第三届南方图书交易博览会，公司领导对此十分重视，要求我们部门必须做好书博会的相关策划工作。

任务一　认识展览产品主题策划

任务描述

公司策划部主管黄晨担任此次书博会策划工作项目组的组长，他在部门会议上对该项工作进行了明确分工。我和其他几个策划助理负责协助完成书博会的策划、沟通及市场宣传等工作。我的实战经验还比较少，担心无法胜任工作。项目经理张杰鼓励我一定要充满信心，并指导我要做好展览会的策划工作，可以先从认识展览产品主题策划入手。

任务分析

部门会议结束后，张经理又对我进行了详细的指导，并建议我按照以下流程来认识展览产品主题策划，如图 3-1-1 所示。

图 3-1-1　展览产品主题策划的流程

任务实施

我来学 Let's learn

认识展览产品主题策划

一、展览产品

展览产品是以展览会为载体，对不同的参与主体产生效益或效果而举行的产品展览会或者与产品有关的信息展览会。

一般认为，展览产品就是展览会。而不同的参与主体，对展览产品有不同的认识。从展览组织者的角度，它需经历展览会的市场调研、立项、设计、销售、改进的全过程。从参展商的角度，它是一次购买与消费的体验。在这个过程中，参展商以展览会为平台，推介产品，获取信息，寻求合作伙伴，提升企业形象。从观众的角度，它成为观众们选择合作伙伴、了解市场信息的平台。

二、展览产品的特点

1. 无形性强

消费者在购买展览产品时，首先考虑的是它的品牌和服务，即无形的服务产品，然后才会考虑展览场馆。这与一般产品有较大的不同。

2. 时间性强

展览产品不能像一般产品那样被有效地储存起来。如果不能在一定的时间内售出，随着时间的推移，它会逐步失去效用，并且无法被补偿。

3. 创意性强

一个成功的展览会始于一个好的创意。展览产品的制作和销售都离不开创意，它是服务与创意相结合的产品。

4. 不可分割性

展览产品的生产和销售几乎处于同一时空，参展商在购买展览产品的同时，消费也在进行中，两者不可分割。作为消费者的参展商必须加入生产过程中才能最终购买到展览产品。

5. 涉及多个利益主体

对于展览产品而言，涉及的利益主体有国家、地区、城市、政府、会展公司、主（承）办单位、参展商、观众、行业协会，而一般产品涉及的利益主体只有企业自身、经销商、消费者。

三、展览产品主题确立的过程

展览主题是展览会的灵魂。首先，它是展览的指导思想、宗旨、目的要求等最凝练的概括与表述，是贯穿于整个展览过程所反映的经济、政治、文化等社会生活内容的中心思想。其次，它是展览的主办者传达给参展商和公众的一个明确的信息，同时也是社会了解展会的首要方面。最后，它是具体解释展览目标的执行者，是鼓励企业参展的原因。

展览产品主题策划首要的事情就是合理地进行主题的确立。主题确立有两个基本要求：一是选择展览会主题要有创新；二是选择符合市场条件、地域特点和合作伙伴的主题。

首先，对行业进行分析，根据相关展会的举办情况、参展商的潜在需求、可支配资源的状况、相关经验以及远景战略目标需要，界定主题选择的范围，进而定位并提炼展览产品主题。其次，进行调查和可行性研究。大型活动策划调查有其特殊性，如国家关于大型活动方面的政策和法规、公众关注的热点、历史上同类个案的资讯、场地状况和时间的选择性，都属于调查的内容。可行性研究是一个十分重要的工作步骤，研究范围包括社会环境和目标公众的适应性、财力适应性、效益的可行性、社会物质水平的适应性以及应急能力的适应性等。最后，确立目标。目标表达要清楚，要量化，符合主题和限制性因素的要求，之后才能依据目标，策划方案。

展览产品主题的确立要做到项目具有可行性，尊重客观事实，综合各方面的条件，考虑到各种影响因素，同时还要尽可能做到创新，即“人无我有，人有我新”。只有认真分析展会的各方面特点，才能够选出最适合展会的主题。

四、展览产品主题策划的要素

展览产品主题策划提炼展览主题并实施的过程，它不仅仅是一个构思、一个“点子”，还是一个对展览会的整体策划过程。它贯穿于整个会展策划之中，统领着整个会展策划的创意、构成、方案、形象等各个要素，并把各种因素紧密地结合起来。通过展览主题信息的传递，刺激并约束参与者的行为，使他们能够依照策划者的信息去完成。

展览产品主题策划的要素包含以下三个方面：

（1）策划目标——是主题策划的基础和依据。

（2）策划对象的信息个性——使策划主题针对特定的策划对象。

（3）参与者的心理需求——使策划主题有了生动的活力。

以上三个要素（表 3-1-1）应该有机融合，相互结合和渗透。

表 3-1-1 展览主题策划三要素

要素	具体内涵
策划目标	它是主题策划的基础和依据，分为经济目标和社会目标。 经济目标是对于经济效益而言，追求高效益，因此策划时必须坚持可行性原则。在现有的人力、财力、物力及技术条件下，有实现的可能，才是策划，否则只是空谈。 社会目标是在经济目标的基础上追求展览的社会效益，提高企业的市场影响力，培育展会品牌等。因此策划时要坚持科学性和可持续发展的原则，切忌提出一些不符合实际的想法和空洞的豪言壮语
策划对象的信息个性	指策划对象区别于其他事物的特点。只有把它与一般事物区别出来，才能抓住参与者的兴趣
参与者的心理需求	指潜藏在人心底的欲望与追求。一个成功的展览主题策划能够迎合参与者的这种心理需求，引起参与者强烈的共鸣，策划才能得以顺利实施

五、展览产品主题策划的要求

展览产品主题策划对展会来说至关重要，展览产品主题策划有它的要求与原则，有它的艺术与风格。概括起来，展览产品主题策划要重点把握好以下几个方面。

1. 关联性

关联性是指展览产品主题策划要与展览内容密切相关。关联性是展览产品主题策划的最基本要求。如果说，一项主题策划脱离或违背了展览内容，这是非常不专业的设计，无异于与展会背道而驰。

2. 创意性

现在，规模展会多如牛毛，展览产品主题策划更是异彩纷呈，风格多样。在这样的大环境下，展览产品主题策划的设计更加要不落俗套、出奇制胜，这样才能得到行业和社会的广泛关注。

3. 目的性

任何一项展览产品主题策划，都要以“为参展商和专业观众服务”为核心，考虑“为什么、干什么、怎么干”等问题。脱离了为参展商、专业观众服务这个核心的主题策划是没有价值的、没有意义的。当然，也不会有理想的效果。

展览产品主题策划具有较大的挑战性和创新性。做好展览产品主题策划，能够提升展会的品位和影响力，进而使展会收到更好的效果。

六、展览主题策划应避免的几种倾向

1. 同一化

展览主题与别的主题类似，使公众混淆不清。

2. 扩散化

主题太多，多主题意味着没有主题。

3. 共有化

策划主题没有鲜明个性，同一主题有时为一个策划服务，有时为另一个策划服务。

小贴士

制造业与服务业的展览主题

制造业展览会一般会选择新颖、有特色的产品，并且将这些产品作为营销的对象。这类展览的主题非常明确，是某一类或几类产品的展览会。

服务业展览会主题一般是推介这个行业或其特殊的服务。这类展览的主题除了看不见的服务类产品外，还包括先进的理念、对时尚的追求和向往等具有思想性、娱乐性的内容。

我来试 Let's try

通过查阅相关书籍、网络搜索等形式的自主学习和请教同事，我开始尝试将自己对展览产品主题策划的认知进行梳理，如图 3-1-2 所示。

明确展览产品主题确立的过程

针对展会客户进行调研

（1）龙头厂商的生产和市场营销情况。
（2）龙头厂商的参展愿望推测。
（3）潜在的中小参展商整体实力。
（4）大参展商的基本情况与愿望预测。
（5）办展城市及其附近地区相关企业的数量和规模、营销习惯。

针对行业进行调研

（1）找出从上届展会至今，该行业最大的变化，厘清行业发展方向。
（2）关注近期和未来该行业最振奋人心的焦点。

开展以往经验调研

历届展会及国内外同类展会可学习借鉴的成功经验。

征询专家意见

向政府主管部门官员、行业专家、政策和法律等方面的专家咨询。

把握展览产品主题策划的要素

（1）策划目标。
经济目标——促进我国出版业的繁荣发展，推动举办城市的经济发展，为举办企业创造经济效益；
社会目标——展示出版业改革发展的最新成果，促进全民阅读、建设学习型社会，推动举办地经济、社会、文化的发展。
（2）策划对象的信息个性。
书博会的策划对象主要包括全国出版商、采购商、发行商、作者和读者等。
（3）参与者的心理需求。
书博会为出版商、发行商、出版资料设备商等提供直接见面、订购及交流的平台；公众可以在展馆现场第一时间浏览和购买心仪图书。

分析展览产品主题策划的要求

（1）准确地反映展览目标，与展览目标保持一致。
（2）应具有时效性，反映出世界宏观形势的变化和人们思想观念的转变。
（3）必须有特色，新颖奇特有创意，才会使人们产生新鲜有趣的感觉。
（4）要通俗易懂、简单明快，才易于被公众理解并接受，才能得到广泛传播。
（5）能引发人们的丰富联想，从而产生参展或参观的欲望。

经过多方调研，结合专家的意见，依照展览主题策划的要素和相关要求，本届书博会的主题确定为“文耀依云 书博南方”。

图 3-1-2　展览产品主题策划过程

任务拓展

提炼会展主题的常用方法

在初步认识了展览主题策划后，我又了解了一些提炼会展主题的常用方法。

1. 归纳提炼法

通过对会展的指导思想、宗旨、目的要求的归纳总结提炼出主题的方法。如德国旅游局与德国会议推广局联合推出的 2003 年展会主题为“德国商务旅游，通向成功之路——欢迎莅临德国展览及会议”，开宗明义就点明了主题。

2. 加工提炼法

加工提炼法是在归纳的基础上，利用一些修辞手法优化主题的方法。这种方法可以使活动主题鲜明、朗朗上口、印象深刻，而且有一定内涵，如 1998 年葡萄牙里斯本世博会的主题“海洋——未来的财富”。

3. 借用法

借用众所周知的名人名言、警句和现实生活中一些闪光的语言作为活动的主题。如首届中国海上丝绸之路国际品牌博览会主题定为“新丝路，新合作，新融合”。

任务检测

我来练 Let's practice

一、实训题

某办展机构想在上海举办婴童用品展，需要开展相应的展览主题策划。

活动 1：

（1）将全班分成若干小组，每组 4 ~ 6 人，以小组为单位开展市场调研。

（2）以网络调研法为主，搜集上海及其他城市相关行业、展会客户、往届及同类展会等信息。

（3）各小组将搜集到的资料进行汇总和整理，在班级进行交流和分享。

活动 2：

请你运用提炼会展主题的常用方法，列出婴童用品展的主题。

二、填空题

1. 从展览组织者的角度，展览产品需经历展览会的市场调研、（　　）、设计、（　　）、（　　）的全过程。

2. 展览主题是展览会的灵魂。首先，它是展览的指导思想、（　　）、目的要求等最凝练的概括与表述，是贯穿于整个展览过程所反映的经济、政治、文化等社会生活内容的（　　）思想。

3. 展览产品主题策划三要素是策划目标、（　　）、（　　）。

三、简答题

1. 什么是展览产品？

2. 展览产品有哪些特点？

3. 简述确立展览产品主题的过程。

4. 展览产品主题策划的要求有哪些？

任务二　立项策划图书博览会

任务描述

书博会策划工作项目组的工作正式启动了，预计在明年的 4 月开展。我和组员们接到的首个任务是对本届图书交易博览会进行立项策划。

任务分析

立项策划一个展览项目的步骤如图 3-1-3 所示。

图 3-1-3　展览会的初步规划步骤

任务实施

我来学 *Let's learn*

立项策划展览项目

一、展览立项策划

展览立项策划是指会展策划人员根据掌握的各种信息，对即将举办的展览会的有关事宜进行初步规划，构建展览会的基本框架。

二、展会名称与地点

1. 展会名称

展会的名称一般包括三部分：基本部分、限定部分和行业标志部分。基本部分主要用于表明展览的性质和特征，常用的词有展览会、博览会、展销会、交易会、展示会等。限定部分主要用来表明展览会的举办时间、地点和性质。举办时间常用届、年、季来表示；举办地点一般用所在的国家、区域名、省份或城市来表示；体现展览会性质的词有国际、世界、全国和地区等。行业标志部分用来表明展览题材和展品范围，通常是一个产业的名称，或者是一个产业中的某一个产品大类。

2. 展会地点

参加展览会的最终目的是为了向该地区及通过该展会向其他地区销售产品，所以一定要研究展览会的主办地区及周边辐射地区是否有自己的目标市场，是否有潜在购买力，该地区是否有利于我们的新产品发布、推广，该展会能否成为专业的交流平台。

三、展会时间

展会时间指展览会具体的开展日期和布展、撤展的时间。展会一般选择在气候宜人的春、秋季举办。大部分的专业展对外开放时间为 3 ~ 5 天，布展时间至少为 2 天，注意留出充裕的撤展时间。

四、展品范围

展品范围指计划在展览会上展出的展览题材的范围，它是衡量一个展会专业化程度的重要指标。展品范围直接决定着展览会将要展出什么商品、设备和技术，间接决定着展会的参展企业和观众范围，同时影响展会的长远发展。有效地选择和确定展品范围并将其清晰地呈现给参展商和观众，是办展机构在策划举办展会过程中的一项关键任务。

五、办展频率与展会规模

办展频率的确定受展览题材所在产业特征的制约，产品的生命周期对展会的办展频率有重大影响。展会规模指展览会的展览面积、参展单位的数量和展会的观众数量。它受以下因素的制约：

（1）题材所在产业的规模、市场容量和发展程度。

（2）展会观众和质量。

（3）展览公司所采用的办展策略。

小贴士

产品的生命周期

产品生命周期是指一种产品从投入市场到被淘汰退出市场的过程，典型的产品生命周期可分成四个阶段：导入期、成长期、成熟期和衰退期，如图 3-1-4 所示。

（1）导入期。产品刚刚引入市场，销售增长缓慢，几乎没有利润甚至是负利润的时期。

（2）成长期。产品被市场迅速接受，利润大量增加的时期。

（3）成熟期。产品进入大批量生产，市场竞争最为激烈的时期。

（4）衰退期。产品老化、不再适应市场需要，企业利润急剧下降的时期。

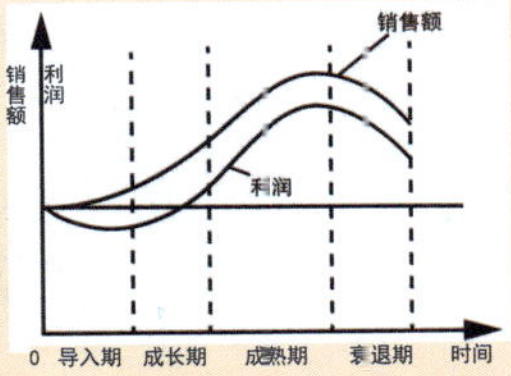

图 3-1-4　产品生命周期

六、办展机构

办展机构一般包括主办单位、承办单位、协办单位、支持单位等。主办单位是拥有展览所有权并对展览承担主要法律责任的单位。承办单位是受主办方授权或委托，按照双方签订的承办协议，处理展览具体事务的单位，其承担相关责任，收取一定的承办费用。协办单位是协助主办或承办单位负责展会的部分策划和组织工作的单位。支持单位是指对展览会起直接或间接支持作用的单位。

七、展会相关活动

展会相关活动指展览活动期间，为营造展会现场气氛、吸引参展企业和观众或丰富展会功能而举办的各种活动。展会相关活动和展会融为一体，成为整个展会的重要组成部分，能更进一步实现展会的贸易、展示、信息发布等功能。其类型具体如表 3-1-2 所示。

表 3-1-2　展会相关活动的类型

类型	举例
礼宾活动	开幕式、闭幕式、招待酒会等（图 3-1-5）
交流活动	论坛、研讨会、新闻发布会、产品（技术）推介会、学术讲座等（图 3-1-6）
贸易活动	贸易洽谈、项目招标活动、签约仪式等（图 3-1-7）
娱乐活动	文艺演出、比赛、旅游活动、参观访问、现场表演等（图 3-1-8）

图 3-1-5　礼宾活动——开幕式

图 3-1-6　交流活动——新闻发布会

图 3-1-7　贸易活动——签约仪式

图 3-1-8　娱乐活动——比赛

八、展会预算

展会预算是对展会举办期间所需要的经费和预期收入进行的初步预算。

我来试 Let's try

结合前面已经确立的书博会主题“文耀依云 书博南方”和我所掌握的立项策划知识，我尝试对书博会的基本框架进行设计，并列出了相应的提纲，如图 3-1-9 所示。

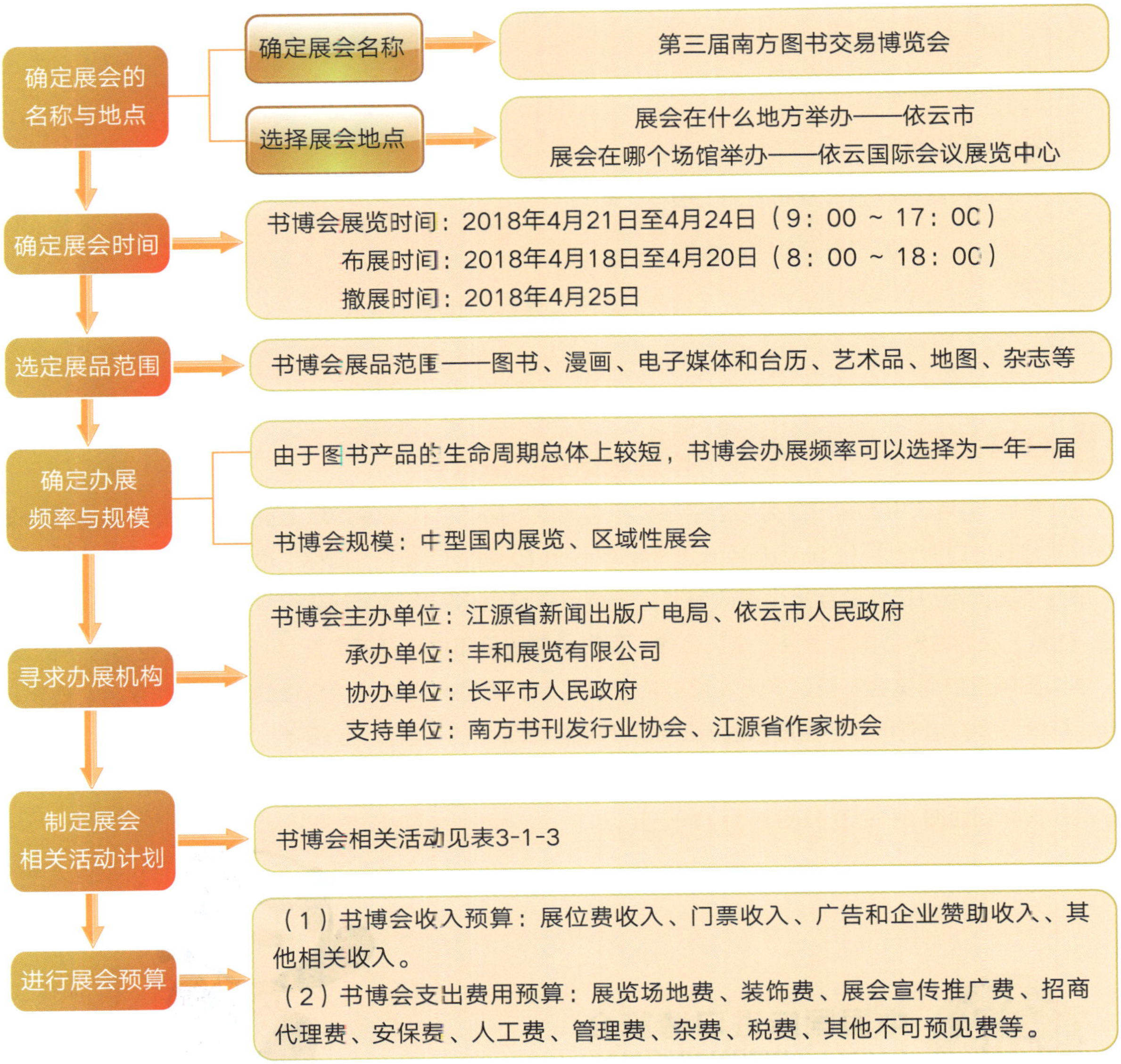
确定展会的名称与地点
确定展会名称
第三届南方图书交易博览会
选择展会地点
展会在什么地方举办——依云市
展会在哪个场馆举办——依云国际会议展览中心
确定展会时间
书博会展览时间：2018年4月21日至4月24日（9：00 ~ 17：00）
布展时间：2018年4月18日至4月20日（8：00 ~ 18：00）
撤展时间：2018年4月25日
选定展品范围
书博会展品范围——图书、漫画、电子媒体和台历、艺术品、地图、杂志等
确定办展频率与规模
由于图书产品的生命周期总体上较短，书博会办展频率可以选择为一年一届
书博会规模：中型国内展览、区域性展会
寻求办展机构
书博会主办单位：江源省新闻出版广电局、依云市人民政府
承办单位：丰和展览有限公司
协办单位：长平市人民政府
支持单位：南方书刊发行业协会、江源省作家协会
制定展会相关活动计划
书博会相关活动见表3-1-3
进行展会预算
（1）书博会收入预算：展位费收入、门票收入、广告和企业赞助收入、其他相关收入。
（2）书博会支出费用预算：展览场地费、装饰费、展会宣传推广费、招商代理费、安保费、人工费、管理费、杂费、税费、其他不可预见费等。

图 3-1-9　书博会立项策划书提纲

表 3-1-3　书博会相关活动

（1）第三届南方图书交易博览会开幕式
（2）古代书法艺术展示和书法家现场表演
（3）“全民阅读”主题书画展
（4）《XX》新书发布会
（5）《XX》图书推介会
（6）知名作家（名人）《XX》发布签售会
（7）著名儿童文学作家、幼儿教育专家 XX 绘本讲座
（8）“文耀依云 书博南方”专题文化活动表演
（9）“XX”系列图书作家签约仪式

续表

（10）《XX》读者见面会
（11）系列访谈活动
（12）太极拳现场表演
（13）书博会网络媒体宣传及图书网上推荐活动
（14）“随手拍”群众读书活动摄影大赛
（15）第三届南方图书交易博览会“十大读书人物”揭晓暨颁奖仪式
……

任务拓展

中国国际进口博览会

2017 年 5 月，中国国家主席习近平在“一带一路”国际合作高峰论坛上宣布，中国将从 2018 年起举办中国国际进口博览会（China International Import Expo，CIIE），简称“进博会”。

举办中国国际进口博览会是中国政府坚定支持贸易自由化和经济全球化、主动向世界开放市场的重大举措，有利于促进世界各国加强经贸交流合作，促进全球贸易和世界经济增长，推动开放型世界经济的发展。

中国国际进口博览会不仅是产品和服务的交易平台，更是多功能、综合性的国际合作平台。要坚持高标准，把博览会打造成世界各国展示国家形象、开展国际贸易的开放型合作平台，打造成推进“一带一路”建设、推动经济全球化的国际公共产品，打造成践行新发展理念、推动新一轮高水平对外开放的标志性工程，其标识和吉祥物如图 3-1-10 和图 3-1-11 所示。

图 3-1-10　中国国际进口博览会标识

图 3-1-11　中国国际进口博览会吉祥物——进宝

一、举办地点

国家会展中心（上海）。

二、组织机构

主办单位：中华人民共和国商务部、上海市人民政府。

合作单位：世界贸易组织、联合国贸易和发展会议、联合国工业发展组织等国际组织。

承办单位：中国国际进口博览局、国家会展中心（上海）有限责任公司。

三、展会亮点

1. 中国市场巨大，消费和进口快速增长

中国拥有全球最多的人口，是全球第二大经济体、第二大进口国和消费国。目前，中国已经进入消费

规模持续扩大的新发展阶段，消费和进口具有巨大增长空间。未来五年，中国将进口超过 10 万亿美元的商品和服务，为世界各国企业进入中国大市场提供历史性机遇。

2. 上海优势突出，辐射全国效果明显

上海地处长江三角洲经济区，区位优势突出，经济实力雄厚，服务行业发达，具有全球资源配置能力。上海港集装箱吞吐量连续七年位居世界第一，空港旅客吞吐量超过 1 亿人次，航班网络遍布全球 282 个城市。

3. 展会规模盛大，配套活动丰富精准

首届中国国际进口博览会将有约 100 个国家和地区的企业参展。进博会将举行供需对接会、行业研讨会、产品发布会等配套活动。

4. 多种措施并举，保障服务全面高效

进博会主办方将提供通关、检验检疫等方面的便利措施，长期提供线上线下一站式交易服务，加大知识产权保护力度，保障客商权益。

5. 采购需求强劲，专业采购商数量众多

进博会主办方将以中国各省、自治区、直辖市为单位，组织各地企业到会采购，同时邀请第三国客商到会采购。

任务检测

我来练 Let's practice

一、实训题

结合第三届南方图书交易博览会立项策划书提纲，撰写完整的书博会立项策划书。

（1）将全班分成若干小组，每组 4 ~ 6 人，以小组为单位进行。

（2）各小组将完成的立项策划书制成 PPT，在班级内进行汇报和交流。

（3）进一步修改和完善书博会立项策划书。

二、填空题

1. 展览立项策划是指会展策划人员根据掌握的各种（　　），对即将举办的展览会的（　　）进行初步（　　），构建展览会的（　　）。

2. 展会的名称一般包括三部分：基本部分、（　　）和（　　）。基本部分主要用于表明展览的（　　）和（　　）。

3. 典型的产品生命周期可分成：（　　）期、成长期、（　　）期和（　　）期。

三、简答题

1. 什么是展品范围？简述它的作用。

2. 展会规模受哪些因素制约？

3. 什么是展会相关活动？通常包括哪些活动类型？

4. 展会预算分别由哪些项目组成？

模块二　展览营销策略应用

学习目标

1. 能简述展览营销的产品策略。
2. 能简述展览营销主要的价格体系构成。
3. 会分析影响展览产品定价的要素。
4. 能尝试选择展览产品定价策略。
5. 能初步确定展览分销渠道。
6. 能辅助进行展览促销。

情境呈现

书博会的相关策划工作顺利完成之后，展会组织者需要采用合适的营销策略来影响人们参加展会的决策和行为。作为书博会的承办单位，叶明所在的丰和展览有限公司开始利用各种营销方式推广书博会，吸引企业参展。

任务描述

组长黄晨又给书博会策划工作项目组布置了新的工作任务，要求我和项目组相关成员对书博会的营销策略进行分析，为营销活动的开展提供切实可行的对策。

任务分析

结合已掌握的市场营销 4P 策略相关知识，我按照以下流程来分析书博会营销策略，如图 3-2-1 所示。

制定书博会的产品策略
选择合适的书博会定价策略
制定书博会的分销渠道策略和促销策略
落实书博会的人员策略

图 3-2-1　书博会营销策略

任务实施

我来学 Let's learn

展览会营销策略分析一

一、产品策略

展览产品是一个整体概念，是指能够提供给展会市场以满足需要和欲望的东西，是宣传、会议、陈列、商品交易、物流、饮食、住宿、交通、游览、售后服务等一系列有形产品和无形服务的综合。

办展机构制定展览会经营战略时，首先要明确展览会能提供什么样的产品和服务去满足客户的要求，也就是要解决产品策略问题。产品策略主要包括商标、品牌、包装、产品定位、产品组合、产品生命周期等方面的具体实施策略。产品策略是展览会营销组合策略的基础，从一定意义上讲，展览会举办成功的关键在于产品满足客户的需求的程度以及产品策略正确与否。

二、定价策略

（一）价格体系构成

展览营销的价格体系构成主要包括：展位价格、指定运输商的运输费、指定展位搭建商的搭建费、广告宣传价格、赞助价格和门票价格。

一般情况下，指定运输商的运输费和指定搭建商的搭建费是由办展机构和他们双方协商，办展机构先预付这部分费用，该部分费用转嫁到展位费中，最后一并向参展商收取。因此，办展机构为了降低展览产品的成本，会尽量压低运输费和搭建费，以吸引参展商参展。

展位招商是展览营销业务的核心工作，展位销售收入是会展企业最主要的收入来源。

某媒介能够帮助广告商接触到高质量的目标客户越多，广告商愿意支付的广告费用也越多，反之亦然。展会中不同广告媒介的宣传效果不同，决定了展览会中的广告宣传方案中，不同宣传平台对应着不同的价格体系。

赞助产品是会展营销人员的重要销售对象。赞助价格的高低与展览会的影响力、赞助商数量、赞助类别等因素有关。

（二）影响展览产品定价的因素

影响展览产品定价的因素主要有内部环境因素和外部环境因素两大类，具体见表 3-2-1。

表 3-2-1　影响展览产品定价的因素

内部因素	办展机构的定价目标：利润目标、占有市场目标、生存目标。 办展机构自身的条件
外部因素	展会竞争者的价格； 展会产品周期； 展会所属行业的状况
其他因素	展会展区和具体展位的位置差别

（三）常见的定价策略

1. 折扣与折让策略

办展机构通常在确定产品价格之后，会给予参展商一些特别优惠，以鼓励他们尽早交付所有费用、重复参展等有利于机构展览营销的行为。价格折扣与折让策略包括现金折扣、数量折扣、季节折扣以及折让。折让是指在展览会招展工作中所给予的特殊减价形式，如某些办展机构在招展后期，在招展不太顺利的情况下，迫于时间上的压力，就采取了价格折让措施。

2. 心理定价策略

消费者在购买某种商品之前，都会事先对这种商品进行一些调研，包括价格、规格、质量、用途等，然后在心里衡量出一个理想的预估价位，这个价位就是我们常说的心理价格。心理定价策略就是根据消费者这种心理所使用的定价策略，具体的有：尾数定价、声望定价和习惯性定价。

3. 地区定价策略

也就是差别定价，它是指办展机构在不同的地区采取不同价格的策略，这些价格的差异并不反映成本的差异。

小贴士

常见的需求导向定价情况

★参展商差别定价：有些参展商要求租赁大面积的展位，其单位面积的价格就应该比标准展位（一般为9平方米）的价格低。

★展位位置差别定价：展览业界普遍实行的“角摊位加价”原则，即两面开展位通常比一面开展位价格略高（图3-2-2）。

★以时间为基础的差别定价：展位预订越早，价格越优惠。一旦超出正常的截止日期，某些展览产品还采取加价措施。

图 3-2-2　角摊位

三、分销渠道策略和促销策略

1. 分销渠道策略

展览产品分销渠道即展览产品营销网络或销售通路，是展览产品从生产者转移到消费者所经过各中间商连接起来形成的通道。

展览会的分销渠道类型主要有展览公司的项目小组、展览会所属行业的协会或商会、专业媒体代销、专业代理机构等。

展览会营销策略分析二

2. 促销策略

促销是展览营销的一个重要组成部分。成功的促销为目标客户群建立持续的品牌偏好，以实现溢价销售的目的。展览营销中的促销组合是指对营销过程中各个要素的选择、搭配及其运用。其主要要素有：直接营销、广告宣传、公共关系和销售促进（也叫营业推广或销售推广）等。

四、人员策略

1. 员工在服务中的作用

员工是企业资本的一部分，善加组合可以提高生产力，减少企业资本浪费，配合企业能动性地完成营销目标。在展览产品营销组合中，人员是关键要素。会展行业比其他行业更加注重人员的选择、培训与管理，实行人本管理，促进员工的满意和忠诚，使服务得以顺利传递，提高服务质量。

2. 内部营销

展览过程中员工是使顾客满意和忠诚的关键人员，办展机构必须将顾客满意的经营理念渗透于员工的头脑中，体现在管理中。内部营销的目的是“激励雇员，使其具有顾客导向观念”。内部营销是把员工看成内部顾客，通过一系列类似市场营销的活动为员工提供优质的服务，来调动员工的积极性并促进各部门人员之间的协调与合作，要让每一个员工都认识到使顾客满意是其工作的最高目标。

3. 人员管理

在展览产品营销组合中，处理好员工的因素，就要求办展机构必须根据展会的特点和展会过程的需要，合理进行企业内部人力资源组合，合理调配好一线队伍和后勤工作人员，提供良好、合理的工作平台，以向顾客提供一流的服务为目的，来开展营销工作。

4. 员工动力的激发

办展企业应努力营造一个好的工作环境和氛围，用物质激励和非物质激励等方法激发员工的热情。例如，每年的薪酬调整、根据员工的工作表现进行奖赏、提供管理岗位的竞聘和培训、设立“优秀团队奖”等多个部门及个人奖项，等等。以多种多样的激励方式提高人力资源的利用率和输出质量，从而降低企业经营活动的成本，创造多元效益，提高企业整体形象和信誉，从而提高企业和展览产品的竞争力。

5. 人员策略延伸

人员策略除了研究企业员工的工作贡献和成本价值外，还包括人员的利用和规范管理。服务人员的行为表现，也是展览产品构成的一部分，是消费者眼中的形象代言人。

我来试 Let's try

我从产品策略、价格策略、分销渠道策略、促销策略、人员策略等方面对书博会的营销策略展开了分析，如图 3-2-3 所示。

选择合适的书博会产品策略 →

制定书博会的产品策略要重点做好以下几项工作：
（1）在确定书博会定位层次的基础上，分析书博会目标客户（参展商和专业观众）的主要特征和需要，找出目标客户的主要特征，定位选择评价，实施定位策略。
（2）进行书博会竞争力（品牌知名度、观众促进方案、展会主题）分析，将书博会与国内同类展览会做比较。
（3）打造一个具有良好市场口碑的品牌化书博会，做好书博会的品牌设计、宣传资料的统一制作、书博会现场布置和工作人员制服配备等，将书博会产品实体化。

图 3-2-3　书博会的营销策略（1）

制定书博会的定价策略 →

（1）折扣与折让策略应用。根据参展面积的大小，对参展商采取统一的折扣标准；对于行业知名出版社等企业给予一定的价格优惠；对展馆中相对较差的位置给予价格优惠。

（2）心理定价策略应用：利用取尾数而不取整数的定价策略，书博会标准展位收费标准为3799元/个，光地展位收费标准为499元/平方米（18平方米起租）。

（3）地区定价策略应用：对少数民族自治区实行书博会展位扶持政策。为其参展团免费提供4个展位，超出的展位按照组委会规定的展位标准进行收费。

↓

制定书博会的分销渠道策略和促销策略 →

通过综合考虑书博会自身的特点、潜在参展商、分销机构状况、本公司（丰和展览有限公司）自身条件，书博会的分销渠道策略为：

（1）多争取政府方面的支持。

（2）指定唯一的书博会中间商进行招展的同时，在特定的区域利用多家中间商进行招商。

（3）一面寻找书博会中间商来加大市场的开发进程，一面通过自己的营销人员来开展招商工作。

（4）建立现代化的书博会电子商务营销渠道。

书博会的促销策略有：

（1）直接营销。

以直接邮寄、目录营销、电话营销、互动电视以及网络营销的方式开展书博会营销。

（2）广告宣传。

开展前两个月，在江源省及依云市电视台、广播电视台上播出书博会广告，在协会会刊和相关杂志、报纸、户外广告牌上刊登广告。

（3）公共关系。

具体见表3-2-2。

（4）其他。

借助合作单位已有的对口展览或在同一机构举办的不同展览会上相互宣传。

↓

落实书博会的人员策略 →

（1）注重不同部门员工在书博会运作中的重要性，虽然各自发挥的作用不同，但每个人都确实影响着展会的质量。

（2）做好公司内部营销工作。关注顾客导向的经营思想，将内部营销与外部营销相结合，大力推进丰和展览有限公司的企业文化建设，使员工真正成为书博会企业和参展商、专业观众之间交流、互动的桥梁，为书博会营销活动做贡献。

图 3-2-3　书博会的营销策略（2）

表 3-2-2　书博会的公共关系

项目	具体内容
协调各方面关系	协调书博会办展合作机构之间的关系； 与展览服务公司之间进行协调，包括指定展品运输商、指定展位承建商、指定旅游代理、会展礼仪服务公司； 协调与媒体单位的关系
策划与书博会相关的印刷资料	包括参展商手册、宣传资料、门票、招展邀请函、征询函、调查表、参展手册、招商邀请函、会刊、纸袋等
策划书博会开幕式和相关活动	策划内容和形式紧扣书博会主题的开幕式活动，策划书博会期间的论坛、专题研讨会、表演、评奖等相关活动

任务拓展

如何策划展览会开幕式

开幕式是展览会正式开始的标志，也是重要的展会公关工作之一。举办开幕式的主要目的是制造气氛、扩大影响，提高展会的知名度，吸引更多的观众来参展。参展商和参展观众都是从展会开幕式上得到对展会的第一印象的。策划一个盛大的开幕式涉及的层面很多，事务也很复杂，需要事先经过周密的部署和仔细的策划。开幕式是向公众展示展览会的规模和实力的良好机会，因而必须受到重视，不能有任何差错。开幕式常与新闻工作相结合，会产生较大的宣传和公关效果。

展览会开幕式
策划

一、展览会开幕式策划的主要内容

展览会开幕式的常见操作方式有三种：办展机构自己策划并组织、外包给一家专业策划公司或面向社会公开招标。无论是怎样的操作方式，要办好展览会的开幕式，主要需做好以下几项工作。

（一）主题

展览会的开幕式应该围绕一个鲜明的主题来展开，一般来说，这个主题与本届展览会的定位是一脉相承的。明确了开幕式的主题后，活动程序、领导发言稿和新闻稿的撰写、表演活动等便有了基调和依据。

（二）时间和地点

通常情况下，开幕式被安排在展会第一天举行，但是也可以安排在其他时间。比如，有些展会邀请国家或地区的最高领导人出席开幕式，就要根据最高领导人的时间安排开幕式。如果开幕式不是第一天举行，那么前几天的展出可以称作“预展”或“贸易日”等。如果是面对普通观众开放的展览会，开幕式可以安排在周末或节假日举行；如果是贸易展览会，则宜安排在工作日里举行。确定展览会开幕式的时间应遵循“三不宜”原则，即不宜过早、不宜过晚、持续时间不宜过长，因此，大部分展览会都将开幕式的时间定在早上 9 点左右。

展会举行开幕式的场地要提前安排，在交通和人流上加以管理。至于地点，则一般选择在场馆前的广场上举行，舞台往往需要临时搭建。

另外，策划开幕式的时间和地点时，主办单位还应该充分考虑到当天的天气状况，如果恰逢天气炎热或雨天，应提前通知嘉宾、媒体记者等做好相应准备。这个问题求助当地气象部门就可以解决。

（三）邀请范围

一般来说，展览会主办方会邀请政府官员、行业主管部门的领导、行业协会的主管人员、外国驻华机构代表、专家及其相关人士作为嘉宾出席开幕式。这些人物本身就具有相当大的影响力，具有很大的宣传价值。一方面，可以借助其影响，加强展览宣传，提高展览会的知名度并扩大展览会的影响面，吸引更多的观众参观展览；另一方面，这些人物都有一定的购买决定权和建议权，对展会的贸易效果有着直接的或者间接的重要影响。

为此，主办单位首先应根据办展需要和开幕式安排，仔细遴选嘉宾名单；其次，对于所有应邀嘉宾，应该提前与他们多方沟通并确认。一旦确认出席，就要派专人负责接待，包括翻译人员、礼仪人员以及嘉宾在开幕式舞台上的座次安排等事宜。

（四）会场布置

（1）应提前安排制作展会背景板、横幅等，在文字、尺寸、色彩等方面都要考虑周到并交代清楚。背景板的设计要展现展会主题。

（2）主席台上根据需要安排发言台、座椅、扩音设备。主席台上的座次需要事先确定好，并在座椅上做记号，以防坐错位置。如果在主席台上就座的人多，可以考虑安排引座人员。有些展览会的开幕式比较简单，主席台上人员一律站立，这种安排要考虑年老体弱者的特点。有时，要考虑在会场的前排留出给不上主席台的贵宾的座位。这些座位或者贴上标签，或者在走道上设路标，或者安排人员引路。

（3）现场设备不仅有扩音设备，而且还包括照明设备、空调设备等，要安排人员负责控制。如果放背景音乐或其他视频、音频等，则要事先准备好相关材料，并向设备控制人员交代好，最好在开幕式之前演练一下。

（五）程序

无论是自己策划组织还是承包给专业公司，展览会开幕式都有一定的基本程序，如图 3-2-4 所示。

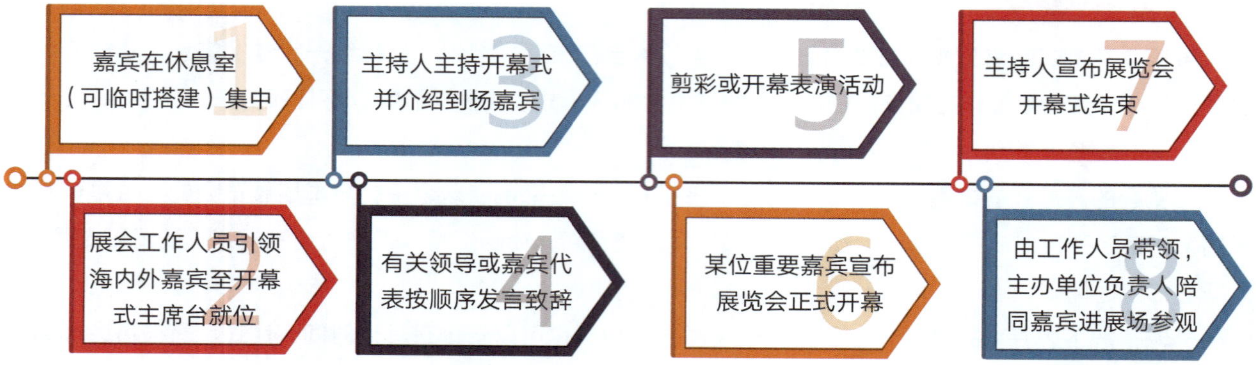
1
嘉宾在休息室（可临时搭建）集中
2
展会工作人员引领海内外嘉宾至开幕式主席台就位
3
主持人主持开幕式并介绍到场嘉宾
4
有关领导或嘉宾代表按顺序发言致辞
5
剪彩或开幕表演活动
6
某位重要嘉宾宣布展览会正式开幕
7
主持人宣布展览会开幕式结束
8
由工作人员带领，主办单位负责人陪同嘉宾进展场参观

图 3-2-4　展览会开幕式的基本程序

有时候，展览会主办单位还会在开幕当天举行欢迎晚宴或酒会，以答谢主要参展商和相关人士。

应注意对鸣放礼炮、嘉宾剪彩、领导讲话等事宜要事先安排妥当，掌握好时机和方式。例如剪彩仪式就涉及场地布置、环境卫生、物品、灯光与音响准备、媒体邀请、人员培训等。在做这些准备工作时，必须认真细致，精益求精。需要安排的用具主要有立杆、彩带、剪刀、手套、托盘等，人员主要有持彩人、托盘人和引导人等。引导人的任务是指挥剪彩人就位和开剪。托盘人要事先进行适当的训练，内容包括等候、上台、排列、递剪、递手套、下台的顺序、节奏、步伐、立姿等。持彩人、托盘人一般安排外形气质较好的礼仪人员，另外要考虑着装。彩带按剪彩人数打花结，通常花结的数目比到场剪彩者的人数多一个。

（六）媒体接待

展会开幕式活动前，办展机构要提前与有关媒体取得联系，为召开新闻发布会或邀请媒体记者进行采访编写新闻报道做准备。开幕式的效果很大程度上依赖新闻报道，从某方面看，举办开幕式就是给媒体提供报道素材。办展机构要安排专门人员接待新闻媒体的采访，并事先组织好有关介绍此次展览内容的新闻稿，并在新闻媒体发稿后收集和整理稿件。

目前，很多办展机构都会在展会现场适当的地方开辟一定的区域作为展会的“新闻中心”供各媒体和记者使用。新闻中心要配备相应的设备和用品，发放一些有关展会的介绍资料以便记者在写新闻报道时参考。

二、展览会开幕式的创意设计

一般来说，展览会尤其是品牌展览会的开幕式应当不断创新，否则很容易给人一种“走过场”的感觉。一个设计巧妙的开幕式能给参展商和专业观众留下耳目一新的感觉。展览会开幕式创意设计可以通过以下途径进行。

（一）发挥名人效应

现代展览会发展到今天，邀请名人出席开幕式仍旧不失为一种很好的方式。这种通过政府或行业 VIP 的影响力来提高自身展览会受关注度的方法，不失为一种高明的营销手段，不论从吸引参展商或专业观众，还是从争取更多媒体报道的角度出发，相信都能给人留下不错的“第一印象”。

（二）策划表演活动

为了丰富展览会开幕式的内容，展现展览会的实力和人气（前者是主要目的），主办方还可以策划一些演出活动。但必须指出的是，演出活动应该与展览会的主题紧密相关，切记不能喧宾夺主。

（三）制造新闻事件

由于出席嘉宾层次较高、潜在新闻集中且信息量大等原因，开幕式往往会受到众多媒体记者的关注。因此，主办单位应该充分利用这一机会，适当制造一些轰动性的事件，以吸引媒体注意，大力宣传展览会的形象。

任务检测

我来练 Let's practice

一、实训题

活动 1：

（1）根据前面构思的婴童用品展项目，将全班分成若干小组，每组 4 ~ 6 人，以小组为单位对该展览进行营销策略分析。

（2）各小组将活动成果制成 PPT，在班级内进行汇报和交流。

活动 2：

请你结合展览会开幕式的策划流程，谈谈书博会开幕式策划的具体内容和环节。

二、填空题

1. 产品策略主要包括商标、（　　）、（　　）、产品（　　）、产品（　　）、产品生命周期等方面的具体实施策略。

2. 常见的定价策略有（　　）策略、心理定价策略、（　　）定价策略。

3. 展览营销中的促销组合是指对营销过程中各个要素的（　　）、（　　）及其运用。其主要要素有：（　　）、（　　）、（　　）和销售促进等。

三、简答题

1. 展览产品价格体系构成主要包括哪些？

2. 影响展览产品定价的因素有哪些？

3. 什么是心理价格和心理定价策略？

模块三　展览会招展与招商

学习目标

1. 能简述展会招展工作和招商工作的概念及意义。
2. 能开展展会客户（参展商）的寻找工作。
3. 能进行有效的展位销售。
4. 能制作简单的招展函。
5. 能开展客户（专业观众）的寻找工作。
6. 能制作简单的展会观众邀请函。

情境呈现

书博会的营销工作成为丰和展览有限公司近期的工作重点，项目组组长黄晨在工作组会议中反复强调，展会宣传与推广的主要目的是为了招展和招商，而招展和招商工作直接关系到书博会的成败，一定要引起高度重视。

明日出版社是确定参加本届书博会的参展商之一。最近，出版社也在积极筹备参展事宜，推进书博会的营销工作。

任务一　图书博览会招展

任务描述

在做好一系列的前期准备工作后，项目组进入书博会的招展工作阶段。我和组员们的工作任务就是要有效地招揽书博会的目标参展商。

任务分析

部门会议结束后，张经理又对我进行了详细的指导，并建议我按照以下流程来认识展览产品主题策划，如图 3-3-1 所示。

图 3-3-1　书博会招展工作流程

任务实施

我来学 Let's learn

展览会招展

一、招展工作及意义

展览招展主要是指办展机构通过各种方法和渠道邀请展览题材所涉及的企业到展会现场来参展。

展览营销一方面要靠"展"来吸引专业观众，另一方面又要靠"览"和服务来吸引参展商。展览会的目的和成功并不在于展会管理本身，而在于如何成功、有效地把买卖双方组织到一起，增加他们参加和参观展会的兴趣和价值，即促进和提高买卖双方间的信息交换率和交易成功率。招展工作的好坏直接影响着展览会的效果，它是展览会取得成功的基础，因此每个办展机构都要高度重视招展工作。

二、寻找展会客户

在展会的招展过程中，如果能够寻找到支持与协助单位作为对口的合作单位，组团作为展览会的招展代理，将是一个非常不错的选择，也是招展成功的重要环节。

合作招展的优势表现在：第一，能提高展览会的影响力，加快信息的有效快速传递；第二，善用资源，优势互补，加快资源整合；第三，最大限度地挖掘新客户，壮大参展队伍；第四，最大限度地降低招展成本。

办展机构应建立目标参展商数据库，目标参展商的有关信息可通过以下渠道进行收集：行业协会和商会、行业知名企业、政府有关部门、专业报刊、国内外著名展览主办机构、国际组织、各种招展代理、国外同类展会、外国驻华机构、专业网站、电话黄页、新闻发布会等。

小贴士

黄页是国际通用的按企业性质和产品类别编排的工商企业电话号码簿，以刊登企业名称、地址、电话号码为主体内容，相当于一个城市或地区的工商企业的户口本，由于国际惯例用黄色纸张印制，故称黄页（yellow pages）。现在互联网上流行的免费中国黄页、企业名录、工商指南、消费指南等，也可以算是黄页的各种表现形式；黄页以印刷品、光盘、互联网等多种形式向公众出版及发布。

三、编制招展函

招展函是办展机构用来说明展会以招揽目标参展商的文件。其主要作用是向目标参展商说明展会的有关情况，并引起他们参展的兴趣。编制招展函的总体要求是：内容详尽准确，简单实用，美观大方。

四、展位销售的前期准备

指展览销售人员获得潜在客户及其需求和状况的所有信息收集活动。要获得的信息包括厂址、经理人的姓名、企业规模、参展习惯、参展决策者或能影响参展决策者的姓名以及参展决策者的教育背景、社会关系和个性等。

五、展位销售

展位销售是办展机构用各种营销手段和渠道将展会计划展出的场地销售给目标参展商的过程，招展策划是展位销售的基础，展位销售是对招展策划方案的具体实施。

确切地来说，展位销售是指利用产品、价格、渠道、促销等要素，结合招展工作人员的努力和展会相关的有形展示，用适当的过程传播展会的服务承诺，将展位销售出去的招展活动。展位销售是为展会成功招展服务的。

展位销售的内容具体包括以下方面。首先，要对客户进行资格审查。资格审查是评估潜在客户的过程，确定他们是否有某种需要，而本次展会是否能够为他们提供解决方案。其次，需要拟定销售计划。当销售人员明确自己的目标后，就开始寻找展会所需的客户。再次，确定目标客户后，需提供一系列不同的营销方式组合，如“捆绑式”销售，为了满足参展商特殊的需求而设计的个性化打包服务。最后，就是客户的跟进。

我来试 Let's try

于是，我按照下列具体程序开展书博会的招展工作，如图 3-3-2 所示。

寻找展会客户 →

（1）通过客户推荐、公司内部资源（展览经历、营销部、公司广告、直邮、电话寻访等）、外部机构推荐、查阅已出版的地址名录（贸易协会、政府和地方商会、黄页、网络）、展览销售人员的网络、登门拜访等方法获得书博会参展商名单和地址。
（2）确认哪些是潜在客户：
① 客户有需要参展的产品；
② 客户能够支付参展费用；
③ 客户愿意接受展览销售人员的拜访。
（3）利用电话营销确认和跟踪潜在参展商，主动和有效跟进，努力把他们变为现实参展商。

↓

编制招展函 →

书博会招展函的主要内容如下。
（1）书博会基本内容。
① 名称和标志（Logo）：放在招展函封面最醒目的位置。
② 举办时间和地点：封面时间为正式展览时间，内页时间包括布展、撤展和对专业及普通观众的开放时间等。
③ 办展机构：列出主办、承办、协办和支持单位，放在封面。
④ 办展起因和办展目标：简要说明为什么要举办书博会以及计划将该展会办成什么样的一个展会；对前两届书博会进行回顾。
⑤ 特色：易记易懂、易于传播的书博会宣传口号和主题。
⑥ 展品范围：详细列明书博会的展品范围、书博会的展区划分。
⑦ 价格：列明书博会的空地价格、标准展位价格、室外场地价格等。
（2）市场状况介绍。
① 简介出版行业、报刊发行业生产、销售、进出口及发展趋势等状况。
② 简介江源省和依云市的市场状况。

图 3-3-2　书博会招展工作（1）

（3）书博会招商和宣传推广计划。

① 招商计划：简介书博会，计划邀请专业观众的办法、范围和渠道。

② 宣传推广计划：详细列明书博会宣传推广的手段、办法、范围和渠道以及展会计划如何扩大其影响的措施。

③ 相关活动：简介书博会期间将要举办的各种活动以及举办时间、地点、参展商参加活动的联系办法等。

④ 服务项目：告知目标参展商，书博会提供哪些有偿服务和免费服务。

（4）参展办法。

具体见表 3-3-1。

（5）各种图片。

包括依云国际会展中心的展馆图、展位平面图、展馆周边地区交通图、往届书博会现场图片等。

做好展位销售的前期准备工作

（1）进行客户研究。

① 在获得参展记录、信件、过去的拜访记录等丰富的公司背景信息后，把客户信息存入数据库。

② 通过网络、行业名录、报刊文章、政府出版物以及公司年报、公司现有供应商、客户和一些雇员联络新客户。

（2）设计展位销售切入点。

书博会销售人员在拜访客户前事先确定出哪些展位产品可以更好地满足客户的参展需求，然后有针对性地介绍展位的特色和优点。

进行书博会展位销售

以电话销售为主，进行书博会展位销售，具体步骤见表3-3-2。

图 3-3-2　书博会招展工作（2）

表 3-3-1　书博会参展方法

内容	具体说明
参展手续	告知目标参展商，如果要参加书博会，需要办理相关参展手续的流程
付款方式	列明书博会的开户银行、开户名称和账号、收款单位名称、参展商参展的付款办法、应付定金的数额和付款时间等
参展申请表	预留书博会参展商参展申请表，一旦目标参展商计划参展，就可以填写该表并发给办展机构预订展位

表 3-3-2　书博会展位销售的步骤

步骤	方法
征询目标客户的参展意愿	目的是掌握书博会展位销售信息。展位销售人员根据掌握的目标客户信息资料，通过电话逐一征询客户的参展意愿。 对新客户：全面介绍书博会，以加深客户印象。 对老客户：重点介绍本届书博会的特点，以增进客户好感。 对于有意愿参展或同意考虑参展的客户，包括愿意接受书博会信息的客户，销售人员应及时发送招展函，以便为下一步洽商并订立参展合同创造条件
洽商并订立参展合同	这是书博会销售工作的关键环节。对于明确表示参展的客户，销售人员应及时与其洽商预订展位事宜。洽商一般围绕两个重点进行：一是展位租金价格，基本是在招展函公布的价格基础上进行洽谈；二是展位在展览馆的具体位置，按照展位平面图预订展位位置，需遵循“先订先得”的原则
收取展位费并提供售后服务	这是书博会完成销售工作的阶段。对于已经订立参展合同的客户，销售人员应按照合同约定，收取展位费，并提供相应的售后服务

任务拓展

参展商需求评估阶段应重视的问题

展览销售人员在销售展位过程中，必须重视和关心参展企业或客户的需求，可以按照一定的逻辑顺序向他们询问这几个关键问题，具体如表 3-3-3 所示。通过这些问题的答案，展览销售人员可以发现企业的实际需求，从而为营销做准备。

表 3-3-3　如何向参展企业或客户询问问题

顺序	目的	创建问题
1. 发现客户的情境问题	询问客户现状信息，主要是了解客户在什么情况下才会参展	您的企业经常参加展览会吗？ 您的企业近期有参展打算吗？ 谁是参展的决策者？
2. 发现客户隐藏的问题	主要是为了发现展会的产品或服务能否解决客户隐藏的难题或者客户曾经历过的难题。销售人员利用这些信息能够发现客户的真实需求，并为销售介绍做准备	从已有的参展经历中，您的企业是否有过收获？ 您的企业在参展过程中曾遇到过服务上的难题吗？

续表

顺序	目的	创建问题
3. 发现影响客户参展的困惑问题	这是询问客户面临的直接难题。可以帮助客户考虑不解决问题的后果，有利于帮助客户认识问题的严重性，从而下决心花时间和金钱来解决问题	展览信息的延误对您的企业运作有什么影响？
4. 发现影响客户参展的价值问题	可以使展览销售人员强调问题的重要性，帮助顾客评估解决方法的价值	如果营销成本降低 2%，能为您的企业节约多少资金？ 您考虑过参加展会对营销成本最小化的重要性有多大吗？
5. 发现直接影响客户参展的决定性问题	为了确定客户感兴趣的受益点，销售人员可以利用这类问题把话题逐渐改变为产品特色和利益的介绍	如果我可以证明我们的展会能大大提高贵公司的销售额，您有兴趣听一听吗？

任务检测

我来练 Let's practice

一、实训题

活动 1：

（1）根据前面构思的婴童用品展项目，将全班分成若干小组，每组 4 ~ 6 人，以小组为单位为该展览编制招展函。

（2）各小组将活动成果制成 PPT，在班级内进行汇报和交流。

（3）每位小组成员谈谈婴童用品展的招展工作流程。

活动 2：

请你结合在对展会客户需求评估阶段必须重视的几个关键问题，列出第三届南方图书交易博览会销售人员应当询问哪些具体问题来发现并理解客户的需求。

二、填空题

1. 展览招展主要是指（　　）通过各种方法和渠道邀请（　　）所涉及的企业到（　　）来参展。

2. 展览营销一方面要靠“展”来吸引（　　），另一方面又要靠“览”和（　　）来吸引（　　）。

3. 展位销售是办展机构用各种（　　）和渠道将展会计划展出的（　　）销售给（　　）的过程，（　　）策划是展位销售的基础，展位销售是对招展策划方案的（　　）。

三、简答题

1. 简述招展工作的意义。

2. 什么是招展函？招展函主要包括哪些内容？

3. 简述展位销售的前期准备工作。

任务二　图书博览会招商

任务描述

在书博会招展工作开展后，招商的筹备工作也在紧锣密鼓地进行着。作为书博会的组织方之一，公司交给我们项目组的另一个重大任务是：邀请尽量多且质量高的目标观众前来参加书博会。

任务分析

招商工作在流程上和招展有相似之处。通过学习和虚心请教，我做出了一份书博会招商工作流程图，如图 3-3-3 所示。

图 3-3-3　书博会招商工作流程图

任务实施

展览会招商

我来学 *Let's learn*

一、招商工作及意义

展会招商就是邀请观众前来参观展会。展会需要一定数量和质量的参展商，同样也需要一定数量和质量的观众，这是衡量一个展会是否成功的重要标志。

展会招商有三点意义：一是增强展会效果，二是提升专业服务水平，三是奠定品牌基础。

二、展会专业观众

展会的观众邀请工作至关重要，它关系到展会的生命力，决定着展会的成败。展会不仅需要参观者，而且更需要一定数量和质量的专业参观者，专业观众的数量与质量直接影响着参展商的参展效益，决定着下届展会参展客户的回头率和各项工作是否能够走向良性循环，同时也是展会主承办单位服务质量的重要体现。

招商方式多种多样，通常的做法有：印发参观券和邀请函并有针对性地向政府有关部门、商 / 协会、协办单位、支持单位、经贸机构、团体、大型企业发送，向外国驻华使馆或机构发送网上链接宣传，在各种新闻媒体和专业刊物发布广告（软性、硬性），召开新闻发布会，通过电话、传真、邮件等发送宣传信息，登门拜访等。

三、展会观众邀请函

展会观众邀请函是组展方根据展会的实际情况编写并用来进行展会招商的一种宣传单页。观众邀请函专门针对展会的目标观众，尤其是向专业观众发送，其发送的针对性很强。

通常邀请函的发放时间为开展前 1 个月。但如果是国际性的展会，由于国外观众需要办理签证等相关手续，则需要提前 2 ~ 3 个月发放。

四、展会招商分工

展会招商分工涉及的内容有两个方面：办展机构之间的招商工作和本单位内部招商人员的安排及其分工。

（一）办展机构之间的招商工作

当展会是由几个单位联合举办时，就会出现大家争着去招展但展会招商却无人重视的局面，结果使得展会开幕后到会观众不理想，服务质量不能令人满意，展会发展受到影响。当展会由几个单位联合举办时，必须明确展会的招商工作应由谁负责。如果展会的招商工作是由各办展机构共同负责的，就必须明确各办展机构之间的招商分工。

各办展机构之间的招商分工，包括明确各单位必须共同遵守的招商原则、对各单位负责的招商地区（或行业）和重点目标观众的划分、对招商费用的预算和支付办法的规定、对重点目标观众的邀请和接待的安排等。对各单位的招商工作进行分工，是保证展会到会观众数量和质量的重要手段之一。对各单位的招商分工必须合理，并经常进行协调。展会招商工作不能平均分摊，必须要有一个主要的负责单位。总之，对各单位的招商分工一定要结合各单位的招商实力，充分发挥各单位的优势，做到优势互补，共同做好展会的招商工作。

（二）本单位内招商人员及其分工安排

不管展会的招商工作是由几个单位共同负责，还是只由一家单位负责，有招商任务的单位都要对本单位的招商人员及其工作做出安排。

第一，要确定主要负责招商的人员名单，明确其主要任务是进行展会招商而不是招展；

第二，要明确各招商人员负责招商的地区范围和重点目标观众；

第三，要制定各招商人员的信息沟通和工作协调办法；

第四，对重点目标观众要制定统一的接待安排计划。

展会招商工作带给展会的效益是长期的和持续的。如果展会的招商工作不到位，展会的长期发展肯定会受到极大的影响。展会招商和展会招展一样，都是展会成功举办必不可少的重要因素。

五、展会招商方法

招商活动贯穿展会整个过程，在具体邀请过程中要针对性地选择不同的方法。

（1）专业观众登记表是专业观众受邀到场参观的回执，主要包括专业观众的一些基本信息。

（2）利用展览会网站进行展前观众预登记，根据观众网上填写的信息寄出参观证，也可邀请观众到现场办理。目前观众网上预登记的方式是一种趋势。

（3）利用网络技术邀请潜在的观众，前提是借助观众数据库和平时积累的观众 E-mail 地址。

（4）由支持单位或行业组织召集会员单位参与展览会活动。专业展览会由行业组织出面组织邀请通常能收到比较好的效果，有利于上下游企业的配对和同行业间的合作交流。

（5）短信平台也是近年发展起来的展会观众邀请方式，但要分步骤、分时段、分区域、分人群发送，要避免用户反感。

（6）借助观众数据库的地址，通过邮局直接寄出参观券，这仍是目前最常用、最简单的方式。

小贴士

展会招商与招展的相互关系

展会招商和展会招展是互相影响、互相作用的。一方面，如果展会的招展效果较好，参展企业尤其是行业知名企业较多，展品新、信息集中，观众到会参观就会更踊跃。另一方面，如果展会招商效果好，到会观众多，质量上乘，参展商的展出效果就有保证，企业就更乐意来参展。反之，如果展会招商不理想，到会观众较少，或者无效观众很多，参展商的展出效果就难以保证，企业参展的积极性就会降低。

我来试 Let's try

我按照以下详细流程开展书博会的招商工作，如图 3-3-4 所示。

寻找专业观众 →

方法：同“寻找展会客户”。
目标：建立一个书博会专业观众数据库，为邀请更多的质量高的观众奠定基础。

↓

制作展会观众邀请函 →

书博会观众邀请函的主要内容：
（1）书博会概况。
包括名称和标志（Logo）、举办时间和地点、办展机构、参展邀请字样、办展起因和办展目标、展会特色、产品范围、办展所在地的环境介绍等。
（2）书博会招展情况。
详细说明书博会将展出的主要产品，列出已经确定参加的知名企业，扩大展会宣传力度。
（3）书博会相关配套服务。
① 酒店预订、行程整线、观众与登记等相关服务。
② 相关图片资料：依云市区位图、周边地区交通图、展馆实景图、展馆平面图、展位分布图、展会现场图片等。
（4）书博会相关配套活动。
包括讲座、专题论坛、读者见面会、签约仪式等。
（5）书博会专业观众登记表。
包括填写观众姓名、工作单位、联系方式、参观的目的、感兴趣的行业等内容。

↓

进行展会招商分工 →

（1）确定主要负责书博会招商的人员名单 。
（2）明确书博会各招商人员负责招商的地区范围和重点目标观众 。
（3）制定书博会各招商人员的信息沟通和工作协调办法 。
（4）对书博会重点目标观众制定统一的接待安排计划。

↓

实施展会招商 →

书博会可以采用的具体招商方式有：
（1）利用书博会网站进行展前观众预登记，根据观众网上填写的信息寄出参观证，或邀请观众到现场办理 。
（2）利用网络技术邀请潜在的观众，前提是借助观众数据库和平时积累的观众E-mail地址。
（3）利用支持单位或行业组织出面邀请会员单位参与书博会活动 。
（4）利用电话或短信平台分步骤、分时段、分区域、分人群发送书博会招商信息。
（5）借助观众数据库的地址信息，通过邮局直接寄出参观证 。
（6）与书博会参展商紧密合作，从他们那里获得宝贵的专业观众信息。

图 3-3-4　书博会的招商工作流程

任务拓展

全新面貌 CeBIT 首次成功亮相

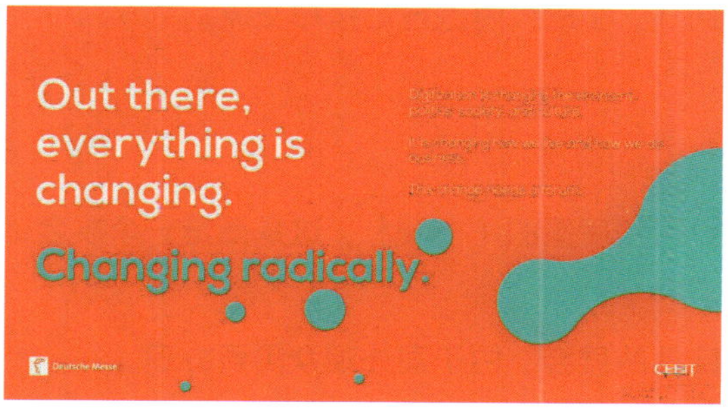

图 3-3-5　CeBIT 宣传海报

CeBIT 是德语“办公及信息技术中心”的首字母缩写，中文名称是“汉诺威国际信息及通信技术博览会”，自 1986 年起每年春季由德国汉诺威展览公司主办，在汉诺威举行，是全球最大的信息和通信工程类展览会。

CeBIT 全面展示数字 IT、家庭及办公通信解决方案领域的创新成果，主要目标群体是来自工业、批发及零售、贸易、银行、服务业、政府机构、科研单位的用户和所有技术爱好者，为发布最新行业发展趋势及网络化成果和展示创新产品及技术提供了绝佳的国际平台。

2018 年的 CeBIT 以“年轻活力、耳目一新、商务交流”的全新面貌亮相（图 3-3-5、图 3-3-6）。“全新一届 CeBIT 取得了巨大成功。”CeBIT 参展商委员会主席、惠普公司首席执行官 Heiko Meyer 在汉诺威接受采访称。“我向 CeBIT 全体团队表示祝贺，祝贺全新 CeBIT 的首次亮相。通过勇敢地进行大刀阔斧的改革，他们为展会的未来发展奠定了坚实基础。全新 CeBIT 成为商业活动和节日欢庆的结合。展会参与企业无不拥赞这一全新理念，并翘首期盼将于 2019 年 6 月举办的下一届 CeBIT。”

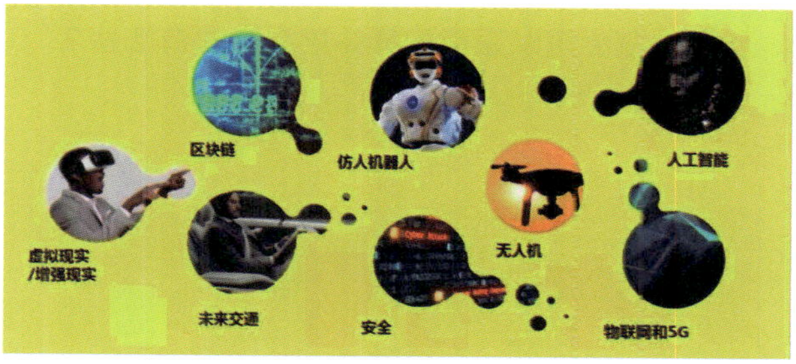

图 3-3-6　2018 CeBIT 焦点话题

这届展会期间，2800 多家企业参展，600 多名演讲嘉宾在 10 个讲台发表演讲，来自欧洲、非洲和亚洲的 370 家初创企业在 5 天的展会期间将汉诺威变成全世界数字化热点城市。节日氛围中，CeBIT 集展览、会议和交际活动于一体，对经济和社会数字化进行了颇有见地的诠释。该展会借由全新形式成功地向每位观众展现了数字化变革的各个方面。例如，“腾飞星期一”全天会议均提前被预订完毕，展期的大量主题演讲、展示和专家讨论会吸引了 3 万名观众参加，这些观众都迫切希望了解数字化带来的机遇和挑战。同时，d!campus 数字校园展区让观众得以放松，使用 Ferris 转轮、虚拟现实穹顶和云升降机，在休闲的氛围中沉浸于数字化世界里。每个夜晚都是派对时间，歌手和乐队均悉数登场，此外还有精彩的无人机表演。

CeBIT 的新理念从一开始就引起了轰动。日复一日，CeBIT 都是互联网上的热门话题，现场会议的在线播放吸引了 40 多万人浏览。在社交媒体上，CeBIT 报道每天直达 50 多万名受众。参展商也获得了数百万次的曝光量。CeBIT、CeBIT18 和 CeBIT2018 等关键词在展会刚开始的几天占据了德国推特热词榜首。总计有 12 万名观众来到汉诺威现场观展。在 CeBIT 一周期间，汉诺威整个城市都变身成了“CeBIT 城”。

任务检测

我来练 Let's practice

一、实训题

（1）根据前面构思的婴童用品展项目，将全班分成若干小组，每组 4 ~ 6 人，以小组为单位。

（2）为该展览制作观众邀请函。各小组将活动成果制成 PPT，在班级内进行汇报和交流。

（3）每位小组成员谈谈婴童用品展的招商工作流程。

二、填空题

1. 展会需要一定数量和质量的（　　），同样也需要一定数量和质量的（　　），这是衡量一个展会是否成功的重要标志。

2. 通常邀请函的发放时间为开展前（　　）。但如果是国际性的展会，由于国外观众需要办理（　　）等相关手续，则需要提前 2 ~ 3 个月发放。

3. 展会招商分工涉及的内容有两个方面：（　　）之间的招商工作和（　　）招商人员的安排及其分工。

三、简答题

1. 展览会招商工作的意义是什么？

2. 什么是专业观众？

3. 展会观众邀请函包括哪些主要内容？

4. 展览会可以采用的具体招商方式有哪些？

项目四

节事营销

导学

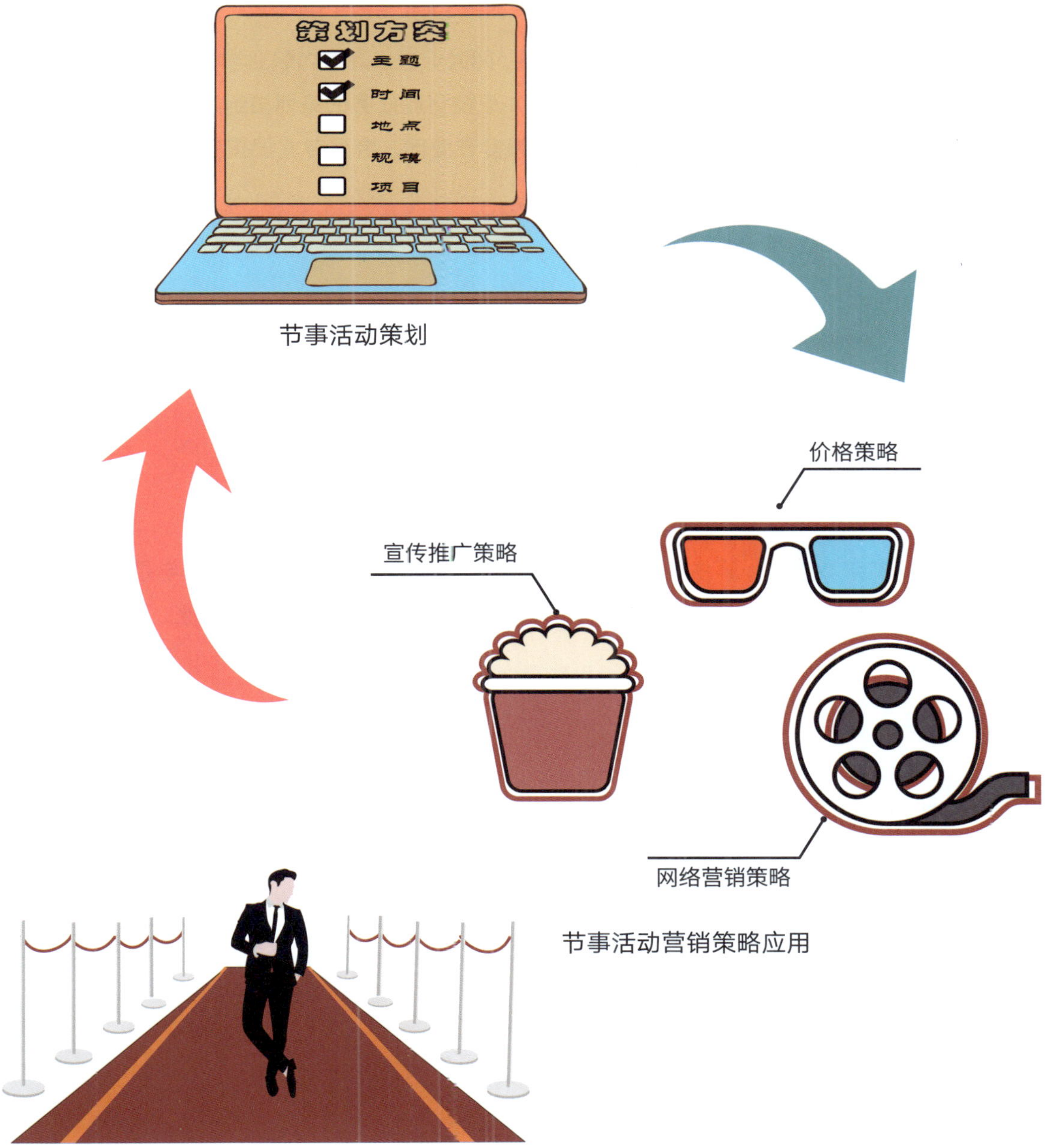
策划方案
主题
时间
地点
规模
项目
节事活动策划
价格策略
宣传推广策略
网络营销策略
节事活动营销策略应用

模块一 节事活动策划

学习目标

1. 能列举节事活动的类型及其特点。
2. 能简述美食节活动策划的一般流程。
3. 会归纳美食节活动宣传资料的制作标准。
4. 能设计制作节事产品宣传资料。

情境呈现

上海市某职教联盟为提升联盟内各职校办学质量，同时促进上海市内职业学校的合作与友谊，计划举办一届美食节，委托联盟内 XX 职校承办。XX 职校将此任务的策划与组织工作交给学校会展专业部，具体实施工作交给学校中餐烹饪与营养膳食专业部。会展专业部接到任务后立刻以极大的热情和积极性投入美食节的相关工作中。

任务一 认识节事

任务描述

会展专业部采用师徒带教方式，师生共同参与筹备美食节。美食节策划组的小曹同学是会展专业部一年级的优秀学生，对参加美食节活动的相关筹备工作非常感兴趣。指导老师周老师告诉他，要策划美食节，首先要知道有关节事活动的相关知识。

任务分析

周老师告诉小曹，要完成美食节筹备工作，首先需要了解节事的相关知识，具体见图 4-1-1。

图 4-1-1 节事的相关知识

任务实施

我来学 Let's learn

认识节事

一、节事活动定义

节事活动一般指城市举办的一系列活动或事件，如节日、庆典、交易会、博览会、地方特色产品展览会、会议以及各种文化、体育等具有特色的活动或非日常发生的特殊事件，是能对人们产生吸引力，并有可能被用来开发成消费对象的各类庆典和活动。它包括三部分：节庆（Festival）、特殊事件（Special Event）和各类活动（Event）。

二、节事活动类别

节事活动根据其内容、形式、组织、属性等不同的划分标准进行分类。这里根据节事活动内容进行分类，如表 4-1-1 所示。

表 4-1-1　节事活动的分类（一）

节事活动类别	主要节事活动
政治事件	受职 / 授勋仪式、就职典礼、贵宾 VIP 观礼、群众集会等
休闲事件	娱乐事件、社团活动、游戏和趣味体育、市民活动等
教科事件	专题学术会议、学术讨论会、学术大会、教科发布会、研讨班等
私人事件	社交事件（舞会、节庆、同学 / 亲友联欢会等），个人庆典（如周年纪念、家庭假日、宗教礼拜）等
文娱事件	音乐会、文化演出等表演，文化展览、授奖仪式等
文化庆典	狂欢节、传统节日、宗教庆典、节事展演、历史纪念活动等
商贸会展	会议、展览会、展销会、博览会、广告促销、募捐 / 筹资活动、贸易促销和产品投放等
体育赛事	世界各大体育赛事、职业比赛、业余竞赛等

三、节事活动的特点

节事活动是会展活动的一个部分，具有一般会展活动的特性，此外还具有文化性、体验性、多样性、时效性、地域性、个性化等特点，见表 4-1-2。

表 4-1-2　节事活动的特点

主要特点	主要内容
文化性	节事活动是文化活动，特别是以节日文化、民族文化、体育文化等为主的节事活动具有浓重的文化气息
体验性	大众性的文化、旅游、体育、商贸和休闲等节事活动均建立在大众参与和体验基础上
多样性	节事活动的开展内容丰富多彩，开展形式多元化
时效性	节事活动一般都有季节和时间限制，按计划推进
地域性	节事活动一般都在某一地域开展，可成为目的地的形象代名词
个性化	节事活动一般都具有个性，否则很难成功

小贴士

节事活动还可按如下标准进行分类，如表 4-1-3 所示。

表 4-1-3　节事活动的分类（二）

分类标准	相关内容
按形式划分	单一性节事活动——法国香槟节、青岛啤酒节等 综合性节事活动——上海旅游节、世界博览会等
按地域划分	国际性节事活动、全国性节事活动、地方性节事活动
按组织划分	政府的节事活动、民间的节事活动、企业的节事活动
按主题划分	贸易类、宗教类、民俗类、文化类、商业类、体育类、政治类、自然景观类
按属性划分	传统节事活动、现代节事活动、其他节事活动
按影响划分	重大节事活动、特别节事活动、标志性节事活动
按类型划分	自然节日、社会节日、民族节日、历史节日、政治节日、国际节日、休闲节日、文化和经济节日等

我来试 Let's try

通过学习和调研，小曹同学尝试分析美食节的基本信息，如图 4-1-2 所示。

确定美食节类别 —— 根据举办美食节目的，将美食节定为休闲事件

↓

分析美食节特点 —— 交流性、体验性、个性化

图 4-1-2 美食节的基本信息

任务拓展

举办节事活动的条件

在举办节事活动之前，必须衡量自己是否具备举办节事活动的条件，举办节事活动所必需的条件，可参照表 4-1-4。

表 4-1-4 举办节事活动所必需的条件

节事活动承办条件	主要特点
独特形象	具备独特形象，有可能创造具有一定影响力的节事活动
经济条件	具有雄厚的经济实力、较高的服务水平是成功举办节事活动的重要前提
交通便利	交通是否高效便捷是节事活动成功举办的标准之一
客源距离远近	举办地所吸引的客源市场空间距离，离举办地越近，影响力越大
气候宜人舒适	宜人舒适的气候，是指参加节事活动的人无须借助任何消寒、避暑装备和设施，就能保证一切生理过程正常进行的气候条件

任务检测

我来练 Let's practice

一、实训题

某教育局准备举办校园美育节，丰和展览有限公司承接了这一项目，请尝试分析美育节特点及该教育局是否具备举办校园美育节条件。

活动提示：将班级同学分成若干小组，以 2 ~ 4 人一组为宜，就“节事活动条件”板块为参考内容展开调研与分析。

二、填空题

1. 一般而言，节事活动包括三个部分：（　　）、（　　）和（　　）。
2. 按节事活动的内容分类，音乐会属于（　　），F1 方程式锦标赛属于（　　）。

三、简答题

1. 如何对节事活动进行分类？
2. 节事活动的特点有哪些？
3. 举办节事活动所必需的条件有哪些？

任务二　拟写美食节活动策划方案

任务描述

在了解了节事活动特性之后，周老师和小曹同学一起探讨学校举办美食节的要点，拟写美食节活动策划方案。

任务分析

节事活动策划是节事活动获得成功必不可缺的环节，周老师告诉小曹同学，要完成美食节活动方案的拟写，首先要了解节事活动策划方案的基本要素有哪些。

通过学习了解，小曹总结出了节事活动策划与设计的一般流程，如图 4-1-3 所示。

图 4-1-3　节事活动策划与设计的一般流程

任务实施

拟写美食节活动策划方案

我来学 Let's learn

一、主题策划内容

节事活动主题是活动的核心思想，整个活动的开展都必须围绕主题进行。一般来说，主题策划内容如下。

1. 主题物品

主题物品是整个活动的灵魂与载体。一般节事活动特别是文化节、社会节日庆祝活动，都应有与活动主题吻合的具体实物，如潍坊风筝节的“风筝”、青岛啤酒节的“啤酒”、重庆火锅美食文化节的“火锅”等。

2. 主题标志

主题标志一般以吉祥物或象征图案表现。吉祥物是表达某种文化主题内容的物品，如上海世博会的吉祥物海宝（图 4-1-4）、北京奥运会的吉祥物福娃。象征图案，是经过深思熟虑、理想化设计的活动饰物，如奥运会的五环标志（图 4-1-5）。

图 4-1-4　上海世博会吉祥物：海宝

图 4-1-5　奥运会：五环

3. 主题典故与趣闻

典故或趣闻有利于烘托整个节事活动的主题，提升活动的文化品位，增强活动的吸引力，如端午节的赛龙舟活动。

4. 主题仪式

仪式是节事活动的公开亮相，它能很好地烘托主题，渲染主题。

小贴士

节事活动的主题策划要注意以下几个方面内容，如表 4-1-5 所示。

表 4-1-5　节事活动的主题策划要求

主题策划要求	注意事项
充分调研 依托文化	在充分调研的基础上，挖掘地方特色文化，节事活动地方性越强，民族性、市场潜力越大
目标市场 定位清晰	不同节事活动有不同消费对象，应制定相应的营销策略
主题鲜明 特色突出	活动主题应与主办地特色相结合，突出民族文化，充分发挥当地政治、经济、文化、地理及自然优势，可参考表 4-1-6

表 4-1-6　近年综合性世博会主题一览表

年份	举办地	主题
2015 年	意大利米兰	滋养地球，生命的能源
2010 年	中国上海	城市，让生活更美好
2005 年	日本爱知县	自然的睿智

二、时间选择

节事活动日期的选定将影响参加者的数量以及节事活动本身的质量。除了固定的纪念日，日期的选择一般较为灵活。在确定日期之前，需要仔细研究当地主要节日、宗教庆祝活动、学校假期、大周末、运动会等因素对节事活动的影响。

三、地点选择

节事活动地点的选择包括举办地城市的选择和活动场地的选择。场地选择需综合考虑场地坐落位置优势、公共交通情况、活动性质、活动经费以及可行性等诸多因素。

四、活动规模

科学地预测节事活动人数，以便编制财务预算、印发活动门票、准备活动纪念品、安排现场餐饮及配套服务等事宜。

五、确定活动项目

活动项目是为了增加游客消费金额或满意度而对服务或产品做出的一种改进，节事活动需要在较短时间内来满足迅速增长的参与者的消费体验需求，只有通过设置诸多项目才能完成。例如，目前比较成功的青岛国际啤酒节，除设置了传统的啤酒品饮、啤酒嘉年华活动等项目之外，还设置了众多与时代、观众需要紧密相连的项目，包括奥帆主题日、帆船赛参赛者联谊等与奥运相关的主题活动。此外，还有全球音乐盛典在内的音乐活动项目以及以慈善之夜为代表的大型慈善活动。

我来试 Let's try

通过前期调研，小曹同学在周老师的指导下尝试写出美食节活动策划方案的基本组成部分，如图 4-1-6 所示。

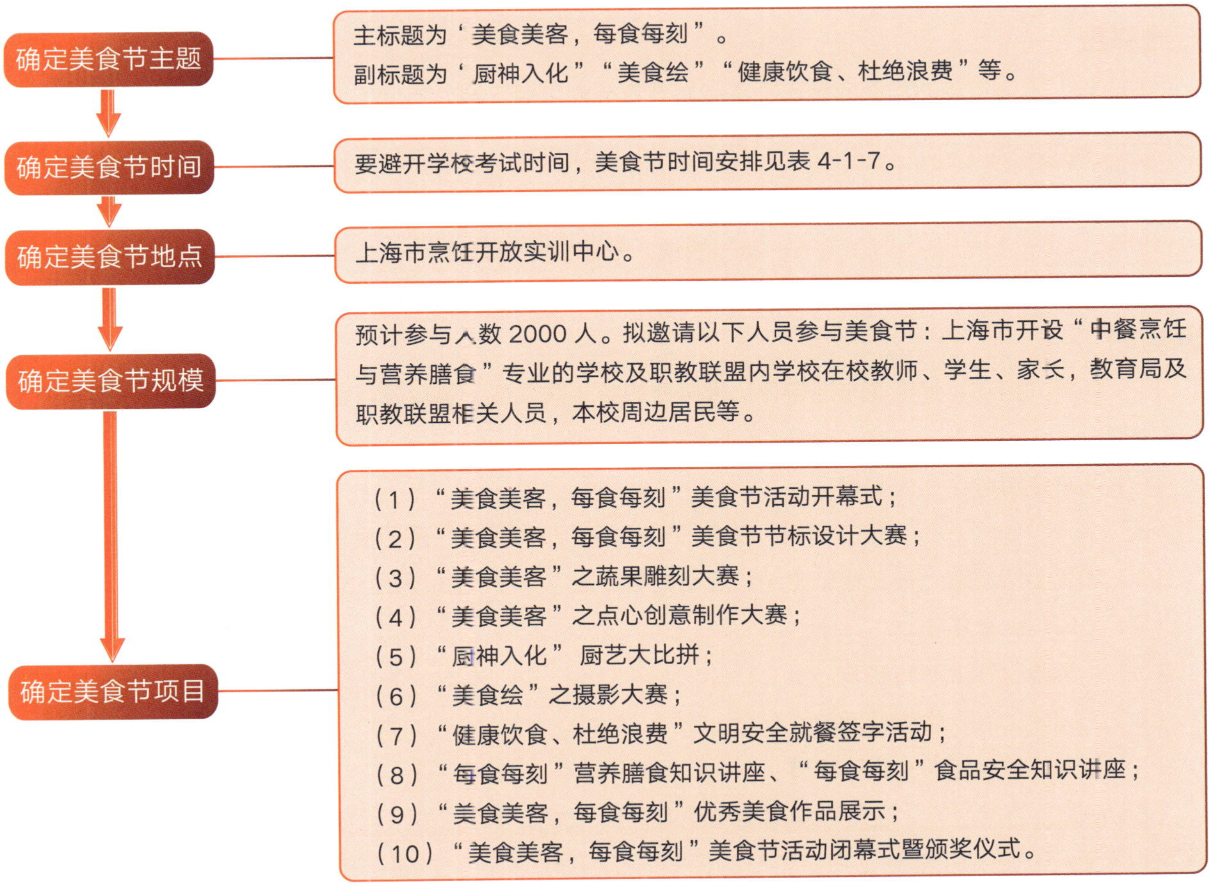
确定美食节主题
主标题为‘美食美客，每食每刻”。
副标题为‘厨神入化”“美食绘”“健康饮食、杜绝浪费”等。
确定美食节时间
要避开学校考试时间，美食节时间安排见表 4-1-7。
确定美食节地点
上海市烹饪开放实训中心。
确定美食节规模
预计参与人数 2000 人。拟邀请以下人员参与美食节：上海市开设“中餐烹饪与营养膳食”专业的学校及职教联盟内学校在校教师、学生、家长，教育局及职教联盟相关人员，本校周边居民等。
确定美食节项目
（1）“美食美客，每食每刻”美食节活动开幕式；
（2）“美食美客，每食每刻”美食节节标设计大赛；
（3）“美食美客”之蔬果雕刻大赛；
（4）“美食美客”之点心创意制作大赛；
（5）“厨神入化” 厨艺大比拼；
（6）“美食绘”之摄影大赛；
（7）“健康饮食、杜绝浪费”文明安全就餐签字活动；
（8）“每食每刻”营养膳食知识讲座、“每食每刻”食品安全知识讲座；
（9）“美食美客，每食每刻”优秀美食作品展示；
（10）“美食美客，每食每刻”美食节活动闭幕式暨颁奖仪式。

图 4-1-6 美食节活动策划方案

表 4-1-7　美食节时间安排

时间	内容
2018 年 4 月 27 日 ~ 2018 年 5 月 3 日	美食节准备期
2018 年 5 月 4 日 ~ 2018 年 5 月 22 日	美食节举办期
2018 年 5 月 25 日 ~ 2018 年 5 月 27 日	美食节的评估与总结

任务拓展

2018 年上海旅游节方案（节选）

图 4-1-7　吉祥物乐乐

一、时间

9 月 15 日 ~ 10 月 6 日。

二、主办单位

上海市旅游局、上海市文化广播影视管理局、上海市商务委员会。

三、主题

走进美好与欢乐。

四、吉祥物

1998 年，上海市旅游局面向全市征集旅游节吉祥物设计方案，乐乐的原型就是在数千张设计稿中层层筛选出来的，由一只鹿演变而来（图 4-1-7）。

五、主要活动项目

第一板块：开幕式和闭幕式

（1）开幕式暨开幕大巡游活动（海内外 35 支表演团队和 25 辆花车将沿着上海最繁华的淮海路展开巡游表演）。

（2）闭幕式活动（揭晓花车巡游评比大奖赛的结果并颁奖，观众还可欣赏美妙动人的音乐会与迪士尼夜光幻影秀）。

（3）花车巡游暨评比大奖赛。

第二板块：助力打响上海“四大品牌”系列活动

（1）感受上海制造——工业旅游线路启动发布会暨“一书一图一册”发布会。

（2）上海科创嘉年华。

（3）“凤凰”杯上海骑游节。

（4）“阅读上海”微旅行活动。

（5）上海环球港旅游文化购物节。

（6）e 游上海旅游节（通过新华网上海频道、长三角频道等相关频道打造网上旅游节专题页面，市民游客可以全面、便捷地了解到上海旅游节的相关信息和最新资讯，并通过在线互动方式，报名参与花车评比大奖赛、微视频大赛、摄影大赛、旅游知识竞赛等）。

第三板块：黄浦江游览系列活动

（1）彩船大巡游活动。

（2）“乐享金秋上海 畅享多重优惠”活动（本市旅游景点、星级宾馆、餐饮企业等将在旅游节期间全面推出各类优惠套餐，折扣产品以及特色服务）。

（3）“爱在黄浦江，情定乐山”玫瑰婚典。

（4）南京路欢乐周（以巡游为主要活动形式，突出上海旅游节“走进美好与欢乐”的主题，每天都有来自外国和外省市表演队伍在南京路步行街上进行特色鲜明、精彩纷呈的巡游表演）。

（5）都市咖啡文化节。

（6）四川北路欢乐节（举行上海旅游节彩车巡游、海上方舟英文版微旅行线路启动仪式、“乐活虹口，从人文出发”阅读城市系列活动）。

（7）上海大学生旅游节。

（8）安亭赛车嘉年华（CAS 改装车展、中国超级跑车锦标赛、FIA F4 暨中国方程式大奖赛、SIC 888 公里耐力赛、中国勒芒 LMP3 原型车耐力系列赛、WEC 世界耐力锦标赛及 2018AEMI·世界小丑嘉年华、别具内涵的嘉亭荟戏剧季等活动）。

（9）第十四届“吴根越角”枫泾水乡婚典。

（10）第二十一届旅游风筝会。

（11）2018 上海崇明森林旅游节暨第二届农趣休闲季。

第四板块：邮轮旅游系列活动

上海邮轮旅游节。

第五板块：乡村旅游和民宿体验系列活动

（1）乡村民宿体验周。

（2）2018 海派农家菜大擂台。

第六板块：推进长三角旅游一体化系列活动

长三角旅游一体化论坛。

第七板块：“上海市民游上海”系列活动

（1）“百名旅游达人游上海”活动启动仪式。

（2）奇跑迪士尼。

（3）2018 朱家角水乡音乐节。

任务检测

我来练 Let's practice

一、实训题

在任务一的技能训练中，关于丰和展览有限公司承接某教育局举办校园美育节的项目，通过前期调研与分析，确定该教育局具备举办校园美育节的条件，请尝试拟写校园美育节策划方案。

活动提示：将班级同学分成若干小组，以 2 ~ 4 人一组为宜，就“节事活动策划方案流程”为参考内容，结合前期所做的教育局是否具备举办校园美育节条件的调研和分析，拟写一份美育节策划方案。

二、填空题

1. 一般节事活动主题策划内容是（　　）、（　　）、（　　）及（　　）。
2. （　　）、（　　）、（　　）、（　　）及（　　）是一般节事活动策划流程。

三、简答题

1. 节事活动时间、地点选择应该考虑哪些因素？
2. 简述节事活动策划方案的基本结构。

任务三　设计美食节活动宣传材料

任务描述

小成同学凭自己的实力进入学校美食节宣传资料设计小组，指导老师宁老师带领小成同学与美食节策划小组进行磋商与交流，在获得相关信息后，宁老师要求小成设计美食节相关宣传资料。

任务分析

宁老师告诉小成，完成节事活动宣传资料设计包括如下环节，如图 4-1-8 所示。

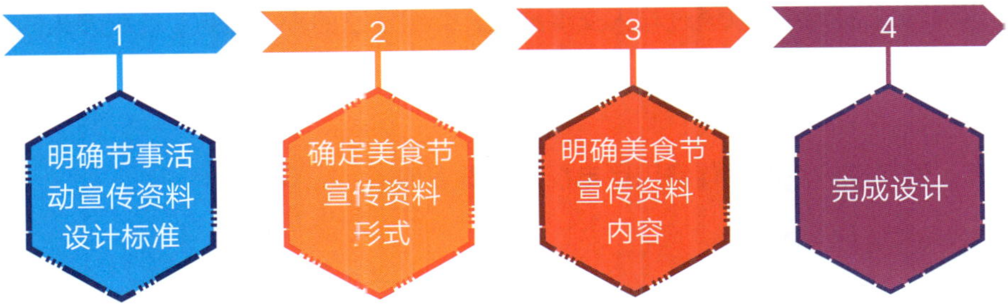

图 4-1-8　节事活动宣传资料设计的环节

任务实施

我來学 Let's learn

设计美食节活动宣传资料

一、节事活动宣传资料设计标准

（1）应有深浅颜色强对比。

（2）尽量使用简短、明了的句子，避免使用一些深奥难懂的词汇和字眼。

（3）使用现在时和主动语气撰写宣传资料。

（4）谨慎使用字体，资料中一般不超过三种字体。

（5）充分使用图片来展示节事活动。

（6）不刻意填满空白区域。

（7）使用照片、艺术品和插图时，要征得原创作者同意。

（8）应将关键信息，如组委会联系方式、乘车路线等放在醒目位置。

二、节事活动宣传资料形式

1. 面向软件用户做宣传

这种方式就是通过手机各类软件做宣传。一是通过腾讯 QQ 的 QQ 群可搜索附近的人添加更多好友，那么就可以让更多的人看到。二是通过微信、微博、陌陌等用户多的手机软件，发布宣传信息。

2. 面向电脑用户宣传

电脑用户这种宣传方式，就是通过各个网站发布信息。可以在 58 同城网、赶集网、百姓网等网站，免费发布宣传信息。

3. 面向市场闹市街道宣传

这种方式就是印宣传单，在人密集、人群流动大的地方发宣传单。也可让当地商域报纸代做宣传。也可在公车上等发布宣传。

4. 面向学校学生宣传

各类学校都有相应贴吧，贴吧有相对每个月的交易帖，可以发布宣传信息。也可以通过在校的学生帮忙宣传。

5. 走市场面对面做宣传

走市场宣传这种方式，就是可以通过与人交流推销，介绍自己的产品特点，让更多人知道产品。另外，也可做宣传活动，达到宣传效果。

6. 电视宣传

电视宣传方式，就是交一定的宣传费用给电视媒体做宣传。

三、节事活动宣传资料内容

（1）宣传资料的文字通常包括以下内容：

① 节事活动基本情况，如节事活动主题、举办时间、地点、活动项目。

② 节事活动能带给参与者的利益。

③ 节事活动创新之处。

（2）宣传资料的图片通常包括吉祥物、标志、往届活动的资料图片等。

小贴士

优秀海报设计四大原则

1. 单纯原则

海报给人的感觉就是简单自然，无论是色彩还是所设计的形象，都要简单明了，能让观众一看就能明白这幅作品的含义，让人们也跟着这种简单的色彩做出更多对这一产品的认识和见解，真正地起到宣传的作用。

2. 一致原则

海报的造型与色彩必须和谐，要具有统一的协调效果设计。

3. 创新原则

海报无论在形式上或内容上都要出奇创新，具有较强的惊奇效果。现代人的生活节奏快，产品更新换代也比较快，同样，一个普通的海报可能不会引起太多人的注意，千篇一律的广告也引不起观众的兴趣，无论何时何地都是一个色调、一个广告词或者一个系统的复制、粘贴，这些设计已经引起了观众的审美疲劳。

4. 技能表现

海报设计需要有高水准的表现技巧，无论绘制或印刷都不可忽视。

我来试 Let's try

在宁老师的指导下，小成同学根据策划小组策划的美食节方案，尝试确定美食节宣传资料形式及内容，如表 4-1-8 所示。

表 4-1-8　美食节宣传资料的形式及内容

形式	内容
制作美食节宣传视频	学校办学特色、专业特色、美食节项目介绍等
发放美食节邀请函	邀请对象名称、时间、地点、乘车路线等
学校校园网公告	美食节简介
制作美食节宣传单	美食节简介
制作美食节展板	美食节概况及参与单位介绍
制作美食节海报	美食节概况、参赛选手情况、讲座主讲人介绍
制作优秀美食作品展销会上的点心销售清单	点心图片、名称、成分、价位等
校园横幅	“美食美客，每食每刻”第一届校园美食节开幕等

任务拓展

节事活动吉祥物设计

为了贴近节事活动与社会大众及观众之间的距离，同时为传达某种文化或寓意，一般大型节事活动都会设计出相应的吉祥物。吉祥物寓意着吉祥、安康，可以形象地表达出语言文字无法很好表达或理解的含义。

吉祥物的设计一般是根据人们希望自己的生活可以过得平安快乐的心理设计的，它往往反映了民族文化特性。如 2008 年北京奥运会的吉祥物福娃，福娃是五个可爱的亲密小伙伴，他们的造型融入了鱼、大熊猫、藏羚羊、燕子以及奥林匹克圣火的形象（图 4-1-9）。在中国传统文化艺术中，“鱼”和“水”的图案是繁荣与收获的象征，人们用“鲤鱼跳龙门”寓意事业有成和梦想的实现，“鱼”还有吉庆有余、年年有余的含义。憨态可掬的大熊猫，无论走到哪里都会带给人们欢乐。作为中国国宝，大熊猫深得世界人民的喜爱。奥林匹克圣火，象征着运动激情，将激情散播世界，传递更快、更高、更强的奥林匹克精神，洋溢着北京对世界的热情。藏羚羊是青藏高原特有的保护动物，是绿色奥运的展现。燕子把春天和喜悦带给人们，飞过之处播撒“祝您好运”的美好祝福，其造型创意来自北京传统的沙燕风筝，“燕”还代表燕京（古代北京的称谓）。

图 4-1-9　北京奥运会吉祥物

在节事活动宣传中，想设计出活泼可爱又与众不同的新颖别致的吉祥物，可以参照以下要点进行设计。

（1）首先要确定活动的主题，如 2010 年上海世博会的主题是“城市，让生活更美好”，五个副主题分别是“城市多元文化的融合”“城市经济的繁荣”“城市科技的创新”“城市社区的重塑”及“城市和乡村的互动”。再选定一个合适的原型，动物或某种物品（笤帚、大布袋子、各种造型的瓶子等），如 2014 年索契冬奥会吉祥物原型分别是北极熊、雪豹和兔子（图 4-1-10）。

（2）其次是根据原型进行大胆的、拟人化的及夸张的概括变形，包括：形体、动作、表情、服饰、手持的有代表性的道具等。

（3）另外是色彩的设计，色彩对比要鲜明、亮丽，边缘要整齐，要有视觉冲击力。

图 4-1-10　索契冬奥会吉祥物

任务检测

我来练 Let's practice

一、实训题

在任务二的技能训练中，关于丰和展览有限公司承接的某教育局举办校园美食节项目，同学们已写出了校园美食节策划方案，请根据方案设计校园美食节的宣传资料。

活动提示：将班级同学分成若干小组，以 2 ~ 4 人一组为宜，以校园美食节策划方案为基础，结合节事活动宣传资料设计的标准及内容设计校园美食节宣传资料。

二、填空题

1. 节事活动宣传资料形式有面向软件用户做宣传、面向（　　）宣传、面向（　　）宣传、面向（　　）宣传、走市场面对面宣传、（　　）宣传。

2. 优秀海报设计的四大原则是（　　）、（　　）、（　　）、（　　）。

三、简答题

1. 设计节事活动宣传资料时应注意哪些问题？

2. 节事活动宣传资料文字内容应包含哪些信息？

模块二　节事活动营销策略应用

学习目标

1. 能简述节事活动的成本及收入。
2. 能初步选定节事活动常用宣传推广策略并运用这些策略推广节事活动。
3. 能灵活运用节事活动的网络营销策略。

情境呈现

上海市普陀区职教联盟成员 XX 职校承办美食节，在学校会展专业部师生的努力下，美食节策划方案已基本完成，接下来专业部的主要任务是将美食节“广而告之”。专业部在讨论之后，制定了详细的美食节营销策略。

任务描述

小林同学是美食节营销小组成员，与人沟通是他的特长，能让美食节“广而告之”使他有些兴奋，指导老师秦老师更是要求他起草相关营销策略方案。

任务分析

在秦老师的指导下，小林同学所在的营销小组经过“头脑风暴”，形成以下营销策略，如图 4-2-1 所示。

图 4-2-1　具体营销策略

任务实施

我来学 Let's learn

分析美食节营销策略

节事营销是指在节庆和特殊事件期间，利用消费者的节事消费心理，综合运用广告、公演、现场售卖等营销手段，进行的产品、品牌推介活动，旨在提高产品的销售力，提升品牌形象。

一、节事活动价格策略

1. 节事活动成本

节事活动的成本主要包括以下几个方面。

（1）管理费用。管理费用包括装饰费、保险费、现场电话费、摄影费、法律咨询费、活动节目单设计制作和印刷费等。

（2）租赁费。对于室内举行的节事活动，主要有场地租赁费、试听设备租赁费、汽车租赁费、照明设备租赁费、现场办公家具租赁费等。

（3）宣传营销费。宣传营销费包括广告费、宣传材料设计费、宣传材料印刷费和邮寄费、公共关系费等。

（4）劳务费。劳务费包括职员工资、志愿者工作经费、视听人员劳务费、照明人员劳务费等。

2. 节事活动的收入来源

对于组织者来说，节事活动的收入来源主要有：政府拨款、赞助收入、广告收入等。

二、节事活动的宣传推广策略

1. 媒体传播

广播电视、报刊、电影、网络户外媒体等是现代广告的主要载体模式，也是节事活动的重要途径。如上海世博会组织者不仅在国内媒体上刊登世博会的广告，同时采用其他各种方式，有效利用媒体传播提高上海世博会在国际社会的知晓度。

2. 新闻发布会

新闻发布会是节事活动举办前十分重要的发布会。节事活动主办方需特别重视新闻稿、新闻图片等问题。新闻稿需质量高、内容新；图片需能直观体现节事活动现场效果或主题。

3. 人员推广

人员推广包括节事活动组织者对各机构的客户的直接拜访，如电话营销、传真、上门拜访等。一些大型公司也可以举办针对相对稳定客户的招待酒会或高端交响音乐会等。

4. 直邮和派发

向客户直接邮寄节事活动宣传材料，如宣传单、节事活动说明、观众邀请函以及声像资料等。派发是直接向公众散发宣传资料，数量大，但效果差。

5. 包装

包装就是将相关的和赠送的服务联合只需要支付一次价款。节事活动的包装包括一个主题活动之下的所有活动，仅需要一次性付费便可以体验全部节庆产品，也就是通常所说的一票制。针对节事活动而言，就是要专业人员在活动开展前策划出多种可供选择的一次付价旅游产品，当旅游者到活动的举办地，便可以轻松得知如何参与活动的信息，旅游产品、路线、价格一目了然，不需要旅游者投入精力自我设计，即使有一些个性化的旅游需要也是可得到满足的。

6. 公共关系

公共关系营销对于节事活动非常重要。

（1）节事活动的主要公共关系。

① 与媒体建立关系。通过新闻和各种媒介传播节事活动的信息，以吸引大众的注意。

② 游说。与政府部门保持良好关系，有利于节事活动的成功举办。

③ 沟通活动。通过沟通活动，增加赞助商和大众对主、承办单位和所举办的节事活动的理解和支持。

（2）节事活动公共关系的主要对象。

① 消费者。在节事活动的宣传上，要能针对不同类型的消费者提供服务，分析其参加本次节日活动的益处，以真诚的态度和良好的服务来打动消费者。

② 赞助商。说服赞助商赞助节事活动是公共关系的重要内容。节事活动主办方应该配合赞助商进行各种宣传活动，履行回报承诺，争取获得下一届活动的赞助。

③ 城市。这里主要是对于城市居民的营销。节事活动应能引起市民的自豪感，从而支持并参与活动。

④ 政府。节事活动的成功举行，离不开政府的支持和帮助。

⑤ 媒体。要与媒体保持良好的关系，争取他们积极的、正面的报道。

三、节事活动的网络营销策略

1. 建立节事活动网站

一般重大节事活动都应该建立信息完善、更新及时的网站（图 4-2-2），以便及时为客户提供服务，还能借助网络交互性对客户需求做出专门的响应。一般有 8 种方式鼓励参加者访问网站。

（1）在访问量较大的搜索引擎和目录加上自己的网址。

（2）想办法加入城市的 DMS（目的地营销系统）。

（3）考虑与其他网站之间的相互链接、赞助或广告。

（4）在网上进行新闻发布。

（5）与展览商相互提供链接，使他们的消费者更多地了解节事信息。

（6）在电子邮件的结尾处使用签名来提供个人联络信息以及与节事有关的信息。

（7）了解与行业有关的目录并成为其中积极的参与者。

（8）在每一个可能的地方（如印刷品）加上网址。

图 4-2-2　中国上海国际艺术节官网截图

2. 节事活动网络广告

节事活动网络广告是节事营销的有效助力。网络广告一般有以下形式，如表 4-2-1 所示。

表 4-2-1　网络广告形式

网络广告形式	特点
节事的横幅广告	短小简洁 利益点清晰 采用促销或竞赛方法，提醒人们点击 提供的信息与目的相符
通信和电子杂志	电子杂志订阅 对广告进行追踪，统计每期的广告数量 保持网络广告的简短性，直接告诉读者必须参加 观察竞争对手的广告
各类搜索引擎	在各大搜索引擎投放广告

小贴士

节事营销特点

1. 节事主题、口号的重要性

节事主题和广告宣传口号是节事营销的核心要素。例如，北京奥运会的主题口号“同一个世界，同一个梦想”很精练，凝聚了人类追求美好未来的共同愿望，体现了“人文奥运” 的核心，体现了和谐的理念和价值取向。

2. 营销手法的创意性

节事营销往往需要有独特的创意，或寻找到一种新奇的载体。例如，北京奥运会开幕式的卷轴画和 29 个焰火大脚印的设计都别具一格，令人赞叹。

3. 活动参与者的广泛性

节事活动一般都具有庆典性质，老百姓的参与程度越高，活动就越成功。在进行节事营销策划时，要特别注意从消费者需求出发，依靠群众智慧，采用百姓喜闻乐见的形式。

4. 营销手段的组合性

节事营销要充分发挥一切可利用资源，多头出击，善打“组合拳”。

我来试 Let's try

小林同学经过知识积累和同组师生们的“头脑风暴”，尝试构建美食节营销策略，如图 4-2-3 所示。

确定美食节价格策略 —— 根据成本及可能的收入，小林制作如下预算，见表4-2-2

↓

整合美食节宣传推广策略及网络宣传策略 —— 构建如下美食节对外宣传计划，见表4-2-3

图 4-2-3　美食节营销策略

表 4-2-2　美食节预算

支出	名目	金额（元）	收入	名目	金额（元）
场地布置费用	摊位搭建帐篷 500 元 / 个，预估 10 个	5000	——	——	——
宣传推广费用	宣传单、海报、展板、横幅、邀请函	1200	——	——	——
人员餐费	12 元 / 人，预估 100 人	1200	——	——	——
人员服务费	50 元 / 人 / 天，预估 100 人 · 天	5000	——	——	——
其他不可测经费	——	2000	销售中西点心	中点、西点各准备 500 份，5 元 / 份	5000
总计	——	14400	总计	——	5000

表 4-2-3　美食节对外宣传计划

时间	内容	用途
4 月 27 日 ~ 4 月 30 日	发放美食节邀请函	发给参与单位、上级领导部门及嘉宾
4 月 27 日 ~ 4 月 30 日	制作美食节宣传单	发放给本校学生、学生家长、学校周边小区居民

续表

时间	内容	用途
4 月 27 日 ~ 5 月 3 日	制作美食节宣传视频	参与单位大屏幕播放
4 月 28 日	校园网公告	美食节简介
5 月 3 日	校园横幅	挂在校门口，提升美食节知晓度及现场气氛
5 月 4 日 ~ 5 月 8 日	制作展板：介绍美食节概况及参与单位	了解美食节基本情况及参赛单位基本情况，以便活动对象了解美食节活动
5 月 4 日 ~ 5 月 8 日	制作海报：美食节概况、参赛选手情况、讲座主讲人介绍	美食节概况海报可以张贴于校宣传栏、周边小区的宣传栏；介绍赛事选手基本情况海报增加美食节的吸引力
5 月 4 日 ~ 5 月 22 日	校园广播	播放美食节的基本情况及现场新闻
5 月 18 日 ~ 5 月 22 日	制作优秀美食作品展销会上的点心销售清单	随宣传单一起发放

任务拓展

节事活动的地点营销

地点营销对于节事活动具有重要意义。一般需考虑的因素有：

（1）优越的地理位置。

（2）合适的环境及基础设施。

（3）一定的物流保障。

（4）充足的停车位。

（5）大量的潜在参与者。

（6）健全的安保措施。

（7）便利的公共交通。

（8）便捷的酒店及餐饮服务。

例如，国际那达慕大会选择在内蒙古自治区鄂尔多斯召开，那达慕是中国蒙古族人民具有鲜明民族特色的传统活动，也是蒙古族人民喜爱的一种传统体育活动形式。在蒙古族聚居区举办这样一个节事活动，无论从当地居民支持度、参与度还是活动本身的纯正度以及游客的参与积极性等方面来说都会高于在其他地区举办。

任务检测

我来练 Let's practice

一、实训题

在模块一的技能训练中，丰和展览有限公司承接的某教育局举办校园美食节项目已策划了校园美食节方案，并根据方案设计了校园美食节的相关宣传资料，请同学们根据这些已有资料拟写校园美食节营销策划方案。

活动提示：将班级同学分成若干小组，以 2 ~ 4 人一组为宜，以校园美食节策划方案为基础，结合校园美食节宣传资料拟写美食节营销策划方案。

二、填空题

1. 节事活动的成本包括（　　）、（　　）、（　　）、（　　）。
2. （　　）、（　　）、（　　）、（　　）是节事活动网络广告的常用方式。
3. 节事活动公共关系的主要对象有消费者、（　　）、（　　）、（　　）、（　　）。

三、简答题

1. 如何建立节事活动的网站？
2. 简述节事活动常用的宣传推广方法。

项目五

场地营销

RESOURCES
INITIATIVE
ERSHI

导学

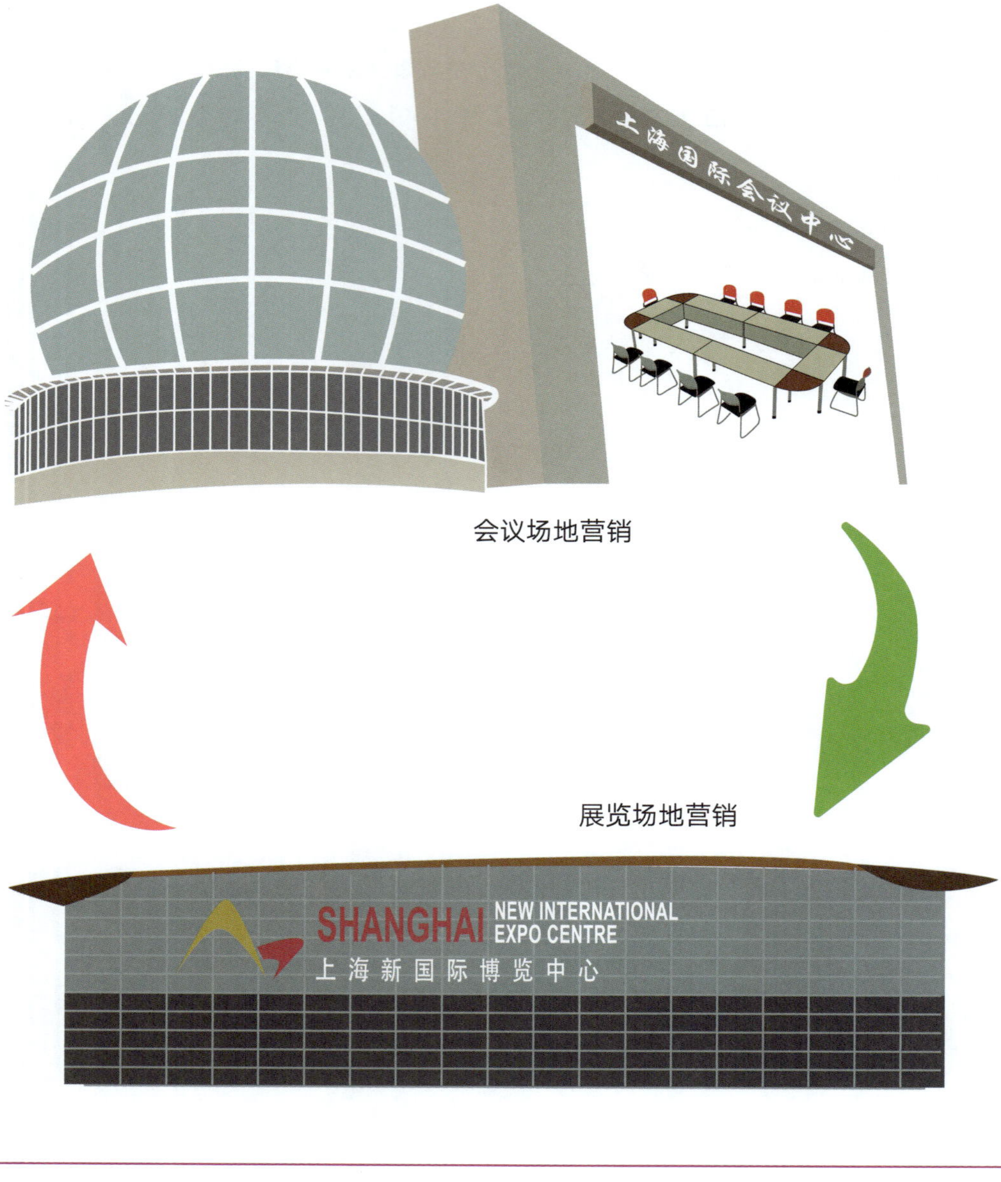
上海国际会议中心
会议场地营销
展览场地营销
SHANGHAI NEW INTERNATIONAL EXPO CENTRE
上海新国际博览中心

模块一 会议场地营销

学习目标

1. 能分析会议场地的功能区域划分及类型。
2. 能初步选择会议场地。
3. 能辅助拟订会议场地营销计划。
4. 能分析会议场地营销策略。

情境呈现

公司近期将要在上海伟峰国际会议中心召开商场代购营销培训会议，预计参加人员有 200 人左右。

上海伟峰国际会议中心，高贵典雅，金碧辉煌。它拥有现代化的会议场馆，还有高级餐饮设施、舒适的休闲场地和 600 余个车位。

本次会议由资深经理张可负责。经过缜密协商，张经理和他的团队制定了详细的工作计划，并迅速展开了工作。

任务一 认识会议场地

任务描述

在上海伟峰国际会议中心举办的这次培训中，杨毅是我的师傅，作为实习生，很多东西我都要从头学起。杨师傅让我先从认识会议场地开始。

任务分析

在杨师傅的指导下，我制作了一份会议场地流程图，如图 5-1-1 所示。

认识会议场地功能区域划分
总结会议场地类型
分析会议主办方选择会议场地时主要考虑的因素
了解布置会议场地时应注意的事项

图 5-1-1 会议场地流程图

任务实施

我来学 Let's learn

认识会议场地

会议场地是会议组织者和会议参与者进行问题的讨论、研究，信息的交流，思想的沟通并达成会议举办目的的特定场所。

一、会议场地功能区域划分

大部分的会议是安排在室内进行的，因此在会场的布置上需要更为紧凑。会议场地除会场外，一般还具有以下的功能区域：报到处（签到处）、会间茶歇厅、衣帽存放间、视听设备控制室、同步传译室、嘉宾休息室等。并不是每个会议室都含有所有以上的功能区，功能区的设置要根据会议的要求来确定。

1. 会场报到处

（1）会议开始时为报到处，会中可变为会间茶歇厅。

（2）报到处在会议室入口门外。

（3）报到处应布局简洁，环境高雅。

（4）配有签到簿、名片盘、会议资料、嘉宾胸花、抽奖箱等。

（5）应在醒目位置标注会议的名称。

2. 会间茶歇厅

（1）一方面作为会间休息，另一方面主要是给与会者以相互交流的机会。

（2）配备简单的酒水台、小圆桌和服务员。

（3）一般的茶点有：咖啡、茶（或茶包）、纯净水、方糖（或糖包）、杯奶、果汁饮料、各类小点心、去皮或核的水果。

3. 衣帽存放间

衣帽存放间是为了使参会者轻松参会而设置的。衣帽存放间应配有足够多的衣帽架，并有足够多且便于识别的标牌，以便及时找到所寄存的衣帽。同时要提醒参会者在寄存衣帽前将贵重物品取出，以防丢失。

4. 视听设备控制室

随着信息技术和电子技术的迅猛发展，会议系统也愈加趋近智能化。一个现代化和智能化的会议系统通常包括计算机网络系统、合布线系统、多媒体教学系统、多功能电子会议系统、大屏幕投影系统、数字会议及同声传译系统、视听会议系统、专业监控系统及中央集成控制系统等视讯技术，这样的会议系统不仅可用于召开现场会议，还能召开远程会议。当然，在选择会议室时，主要考虑满足会议的需要，并不是设备功能越多或者越先进越好。有关职能会议厅的设备配置，应在满足会议需要的前提下尽量控制成本。

5. 同步传译室

同步传译一般用于国际性会议，当有多国代表参加会议，但没有通用的语种时需要用到同步传译。同步传译室需增设音频媒体接口机，有了它就可以把外部的模拟设备（如广播和录音用的设备）接到 DCN 系统。同时还需增加一个扬声器，向会议代表提供公共广播。

各国代表需要进行现场讨论时，特邀发言人用的演讲台还需装备嵌入桌面的话筒、扬声器、通道选择器和耳机。与会代表配备桌面式代表机，该机装备有代表认证卡读出器、LCD 屏幕和通道选择器、轻便型耳机，代表通过该机可以发言、参加表决、选择收听的语种。会议的进程由主席掌握，为主席配备的是主席机。译员在译员间内工作，为译员配备的设备是带 LCD 显示的译员机。代表可以用代表机上的通道选择开关选择要听的语种，声音由耳机传给代表。

不具有代表资格的列席人员可以用装在椅子扶手上的通道选择器选择语种，用耳机听声。电子通道选择器仅以收听为限，不具有发言和表决功能。

6. 嘉宾休息室

嘉宾休息室是嘉宾在会议前、会议中和会议后的休息场所。嘉宾休息室可以布置得很简单，几张沙发加几张茶几即可，也可以布置得豪华高雅。如奥斯卡颁奖晚会的嘉宾休息室布置得非常奢华，无论内部装饰物还是灯光设计，尽显奥斯卡的艺术品位。

尽管休息室的布置有着天壤之别，但在服务上却大同小异。休息室通常需要为嘉宾提供饮料、水果或茶点等。另外，为了给嘉宾提供宁静和轻松的环境，可播放一些舒缓的音乐或摆放一些休闲的报纸、杂志。

二、会议场地类型

会议分为很多种类型，不同性质和规模的会议对场地的要求是不一样的。目前，大多数会议主要是在酒店和会议中心举办，但还有相当数量的会议在其他场地举行，如游轮、政府主管的食堂、大学学术报告厅等。

为了便于叙述，下面将会议型酒店、会议中心等企业统称为会议场地。

1. 酒店会议设施

（1）多功能厅。

从专业的角度，可以按会议设施将会议场地分为两类：较老一些的酒店均有许多中小型会议室，但缺少为大型会议提供服务的灵活性；较新型会议场地则很少有小型会议室，而是有一间到两间专为宴会设计的大厅，因而不适合举办小规模会议。对于以会议市场为目标的酒店而言，以下的多功能厅都非常适用。

① 一间大厅，可以同时为相当于住店客人总数的人提供座位和就餐。

② 会议室的规模从 20 人到 100 人不等，总面积应当等于或超过大宴会厅。

③ 面积不等的会议室易于拼凑，以适应不同团体的要求。

④ 为每间会议室安装视听设备，并尽可能配备单独的控制台。

⑤ 在主宴会厅安置舞台设备。

⑥ 展览区要有充足的电、水、气供应。

（2）全套房酒店。

为了满足会议策划人的某些特殊要求，全套房会议场地应运而生。所谓全套房酒店，是指酒店为客人提供面积大于普通房间的客房。这种客房除了卧室外，还拥有单独的起居室、书房，享受免费的额外服务（如早餐），整体风格更有家庭办公室的气氛。

全套房是董事会会议和小型培训活动的理想场所。

2. 会议中心

（1）会议中心的类型。

① 全功能式会议中心，其特点是本身可以提供会议室、会议设备和食宿服务。

② 度假式会议中心，除提供正常的会议设备外，还配置了多种娱乐设施。

③ 附属式会议中心，一般与另一个实体相连接，如某个会议场地或者度假村的附楼或者个别楼层。

④ 无住宿式会议中心，没有客房，不提供住宿服务。

小贴士

度假式会议中心——金象山会议度假中心

金象山会议度假中心位于山东省济南市南部山区，坐落在山腰水畔，周围湖光山色，景色如画，如图 5-1-2 所示。空气常年清新，负氧离子含量高于市区，是休闲健身、会议度假的好去处。会议中心拥有大、中、小型会议室 4 个，多媒体、进口音响、灯光等设备充分满足要求。其中多功能厅更为客户提供了娱乐设施，能够满足客户各种会议需求，出色地完成了各大企事业单位、各大知名公司的重要会议及接待任务，受到广泛赞誉。

图 5-1-2　金象山会议度假中心

除此之外，会议中心还拥有 2 座标准商务会所，装修豪华、典雅；套房、标准间、三人间、四人间、五人间等充分满足会议和拓展训练的不同住宿需求；电话、有线电视、热水等设施配备齐全，以优质完善的服务承接了众多大中小型会议住宿及拓展培训住宿。

（2）会议中心的产品特点。

① 有形产品和无形服务的结合。在会议中心中，会议室、多功能厅、各种设备都是有形产品，但客户在会议场所的各种活动都离不开工作人员提供的服务。从这个意义上来讲，无形服务比有形服务更重要，且无形产品的不稳定性和质量标准的非量化性都加大了质量控制的难度，也对会议中心的员工素质提出了更高的要求。

② 不可储存性。会议中心产品不能像工业产品那样储存起来，日后再卖，而是一天不租出去，就不能创造价值。因此，销售人员应尽力去推销会议设施和服务，以提高会议中心的利用率。

③ 不可专利性。会议中心不可能为自己设计的会议场地、服务方式、会议设备申请专利，这种不可专利性所带来的直接后果便是某一新产品如果能创造良好的经济效益，很快其他会议中心就会模仿。

④ 品牌忠诚度低。由于产品的不可专利性，会议中心的竞相模仿、产品雷同现象比较严重，因而对于一般会议策划人而言，不大可能只认定某个会议中心。更何况，人们开会时普遍存在一种求异的心理，毕竟换一个地方、换一个新的环境常能给人以愉快的满足感。这就决定了会议中心的品牌忠诚度相对较低。

⑤ 对信息的依赖性强。会议中心的主要客户大部分来自本地，还有相当一部分来自外地甚至外国，他们往往人生地疏，需要通过大众媒体了解会议中心的具体情况和市场口碑。因此，会议中心营销人员必须做好信息的传递工作，同时，力争为每位参会者留下美好的回忆，以塑造和推广良好的企业形象。

小贴士

在无形服务方面，影响会议主办者对会议场地的选择行为的因素主要有：专业服务水平；为会议提供的辅助性服务；接待会议的经验；专门的会议联络人。

三、布置会议场地时应注意的事项

1. 切题

根据会议的性质，布置会场时要注意突出会议主题和宗旨。如党代表会议会场要求朴素、庄重、大方。

2. 正规

任何会场布置都应有序整洁，有条理。

3. 朴素

从会议实际效果和自身经济能力出发，做到以最小的成本创造最大的经济效益。

4. 实用

会场布置应与会议所需功能相符合。

5. 和谐

会场颜色（墙壁、桌椅、会标、幕布等颜色）要协调，会场要素（会标、旗子、影音设备体积等）大小要协调。

我来试 Let's try

通过向杨师傅的请教，我对会议场地有了进一步的认识，并尝试对上海伟峰国际会议中心进行了梳理，如图 5-1-3 所示。

认识上海伟峰国际会议中心的功能区域划分 → 上海伟峰国际会议中心除会场外，具有报到处（签到处）、会间茶歇厅、衣帽存放间、视听设备控制室、同步传译室、嘉宾休息室等功能区域。

↓

总结上海伟峰国际会议中心的类型及特点 → 上海伟峰国际会议中心属于会议型酒店，交通便利、配套设施齐全。

↓

分析选择上海伟峰国际会议中心的原因 → 上海伟峰国际会议中心拥有现代化的会议场馆、多功能厅以及各种大小规格的会议厅，可以充分满足各类会务的需要。此外，中心还拥有各式各样的豪华宾馆客房、高级餐饮设施和舒适的休闲场所等。

↓

了解上海伟峰国际会议中心布置会议场地时的流程 →

（1）需求采集。采集需求；解答疑惑；预算匹配。
（2）定制方案。专业考察接待；合理预订场地；确定服务内容；定制个性方案。
（3）方案确定。服务设备确认；价格确认；会、展、房、餐确认；合同落实。
（4）落实细节。开幕式策划；VIP 接待筹备；安全保卫方案；特色服务提供。
（5）执行协调。解决突发事件；合理安排消费；合理把握时间；协调团队服务。
（6）满意调查。客房服务满意度；餐饮服务满意度；会议服务满意度；展览服务满意度；会议顾问服务满意度。

图 5-1-3 认识上海伟峰国际会议中心

任务拓展

选择会议场地需考虑的因素

初步熟悉会议场地的基本概念后，杨师傅告诉我，成功的会议离不开好的会议场地，那么，选择会议场地时需要考虑哪些因素呢？

面对形形色色的会议场地，很多人会束手无策。选择会议场地，要根据参加会议的人数和会议的内容来综合考虑，以下是几个选择会议场地需要考虑的因素。

1. 地点要合理

临时召集的会议，一两个小时就能结束的，要考虑把会场定在与会人员较集中的地方；超过一天的会议，会场要尽可能离与会者的住所近一点，避免与会者劳碌奔波。

2. 大小要适中

会场太大，人数太少，空下的坐位太多，松松散散，达不到开会需要的气氛；会场太小，人数过多，挤在一起，不仅显得小气，也根本无法把会开好。

3. 要有停车场

参加会议就需要一定的交通工具，现在开车出行的人越来越多，因此，无论是单车、摩托车还是汽车都要有停放处，会议才会开得成功。

4. 附属设施要齐全

会议场地的照明、通风、卫生、服务、电话、扩音、录音等各种设备都要配备齐全。对所有附属设备，会务人员要逐一进行检查。不能够因为“上次会议就是在这里开的，没有出什么问题”，就草率地认为“这次也会同样顺利”。这种不负责的态度，很可能会给会议造成损失。

会议场地的选择是一件很头疼的事，为了让会议得以顺利地举行，会前一定要多花功夫。专业的会场服务者可以提供一站式服务，不仅为客户提供商务会议场地、企业年会场地、团体宴会场地、活动展览场地等会议场地信息，还可根据客户需求，提供整个活动的策划和执行服务，包括活动策划、场地布置、灯光音响、摄影摄像、设备租赁、主持司仪、鲜花礼仪、餐饮茶歇等。

任务检测

我来练 Let's practice

一、实训题

市招商工作会议将于2018年2月召开，邀请各会议中心的负责人进行投标。假如你是会议中心的组长，请拟写一份会议场地选择方案，具体要求如下。

（1）全班分成四组，每组8～10人，以小组为单位全面认识会议场地。

（2）通过小组讨论，制定工作步骤，确定相应的工作目标、工作内容、工作方法及人员分工，完成会议场地选择方案的拟写。

二、填空题

1. 会议场地是（　　）和（　　）进行问题的讨论、研究，（　　），（　　）并达成会议（　　）的特定场所。

2. 在无形服务方面，影响会议主办者对会议场地的选择行为的因素主要有：（　　）、（　　）、（　　）、（　　）。

3. 布置会议场地应注意的事项是（　　）、（　　）、（　　）、（　　）、（　　）。

三、简答题

1. 简述会议场地的功能区域划分。

2. 简述会议场地类型。

任务二　分析上海国际会议中心营销策略

任务描述

上海国际会议中心，作为上海标志性新景观，素以举办大型国际会议、商务论坛而蜚声海内外。为什么上海国际会议中心会有如此大的魅力？作为实习生的我，带着好奇，在师傅杨进的指引下，慢慢尝试分析上海国际会议中心的营销策略，试图揭开她神秘的面纱。

任务分析

在杨师傅的指引下，我从价格策略、品牌策略、多层次营销网络策略、促销策略和优质服务策略等方面对上海国际会议中心进行了分析，如图 5-1-4 所示。

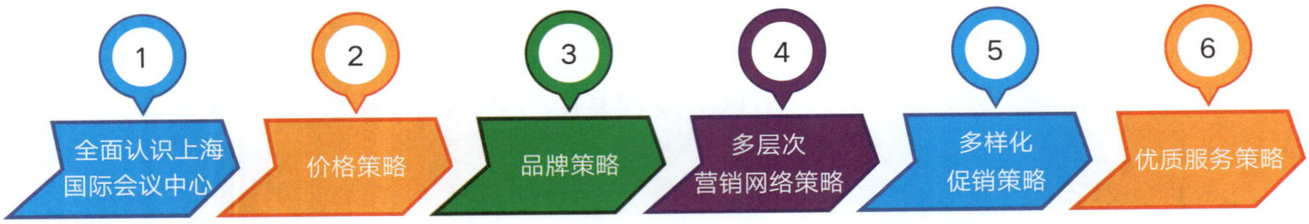

图 5-1-4　上海国际会议中心的营销策略

任务实施

我来学 Let's learn

分析上海国际会议中心营销策略

上海国际会议中心地处陆家嘴金融贸易中心，毗邻东方明珠电视塔，与外滩万国建筑群隔江相望，交通设施方便快捷，地理位置得天独厚。

上海国际会议中心有多种规模和类型的会议室并配以先进完善的会议设施，可满足客户的大部分需求。其中，上海厅面积达 4400 平方米，为目前国内最大的无柱形多功能厅。此外，还有 28 个大小不等、风格迥异的多功能会议厅，这些会议厅均备有最先进的高科技影音系统及同声传译设备。

上海国际会议中心内设五星级酒店，拥有 273 间景观豪华客房、风格迥异的餐厅以及丰富多样的娱乐与健身设施。

上海国际会议中心（图 5-1-5）出色地完成了“财富”全球论坛、APEC 领导人峰会及系列会议、第 35 届亚洲发展银行年会、APEC 第五次电信部长会议、联合国亚太经社会第 60 届会议、全球扶贫大会、世界工程师大会、第 24 届世界港口大会、第 22 届世界法律大会、第 28 届世界软件工程大会、上海合作组织成员国元首理事会会议以及非洲开发银行集团理事会年会等国内外重要会议及政要接待任务，受到各方赞誉。

图 5-1-5　上海国际会议中心

一、价格策略

针对不同的会议项目、不同的会议开展阶段，需要制定不同的价格策略。对还在培育期中的会议项目，实施开发策略，不要定价过高，着眼点应放在如何将会议做强做大。对现有品牌会议，实施渗透策略，给予稳定定价。对拟开发的市场缝隙小、产品高端、组织成本高的会议可以给予较高定价并配套高端服务；对拟开发的市场空白大、竞争者容易进入的会议项目，可以实施低价扩张、迅速占有市场的策略。上海国际会议中心在价格定位上有以下几种方式和特征。

1. 整数定价

出租会议场地这样大型的“产品”都采用整数定价。

2. 折扣定价

客人全天租用同一会场时，实际支付的全天费用比只租用半天价格更优惠，同时租用相邻的几个小会场时，租用单个会场的费用比只租用其中之一价格更优惠。

例如，3B 会场租用半天一般收费为 4400 元，租用全天收费则为 7200 元。5B 会场半天租金为 2200 元，同时租用面积相等的 5C，即 5B+5C 租金仅为 3600 元，全天则仅为 6400 元。

3. 垄断定价

如上海厅，租金涨幅明显，2015 年从 22000 元 / 天涨到 25000 元 / 天。

4. 竞争定价

相对于上海厅等超大型会议场地，处于竞争激烈市场的小型会议厅，定价则随行就市，一般比周边会议中心定价略低。

5. 机会定价

小型会议（100 人以下）实行按人数包价。比如一场租用 5D+5E 会场的小型会议，收取包价为每人每天 330 元，这其中包含了：午餐 120 元 / 人 + 茶歇 100 元 / 人 + 会议场地 110 元 / 人，且免费提供投影仪、屏幕、话筒等简单会议设备。

6. 季节定价

一般来说，1 ~ 2 月和 7 ~ 8 月是会议市场的淡季，价格会有所下调，而 3 ~ 5 月和 9 ~ 10 月是会议旺季，价格比其他月份要高。

二、品牌策略

目前中国很多会议中心缺乏品牌意识，鱼龙混杂，激烈的市场竞争常常使得创新很快被竞争对手复制。展览想要在竞争激烈、瞬息万变的展览市场中紧紧抓住客户，应打造自己的品牌，树立和巩固良好的品牌形象。

上海国际会议中心在品牌建设方面，注重：

（1）生态设计，包括树立国际绿色观念、实行生态化设计、推行 ISO14000 和绿色标志认证等。

（2）文化支撑，包括讲究场馆的文化内涵以及注重周边的人文环境等。

（3）科技领先，包括用高科技支撑服务以及场馆的智能化设计等。

（4）服务至上，主要是指以人为本、全心全意为顾客服务等。

三、多层次营销网络策略

上海国际会议中心在渠道上与时俱进，实施多层次的营销网络策略，主要表现在以下几个方面。

1. 渠道扁平化与精耕细作

通过减少中间商的层级，增加区域代理商，贴近市场与消费者。并且，对所管理的代理商进行销售支持、产品支持、人员支持、广告支持、物料支持和现场促销支持等。

2. 渠道的扩展策略

参与城市整体营销，和所在地的旅游市场营销组织合作，加入会展行业协会或当地旅游组织，这样有利于扩充会展场馆的营销资源和途径。充分利用合作单位的资源进行宣传，将取得事半功倍的效果。除会展公司、专业协会外，合作对象还可以是专业媒体，甚至是竞争对手和潜在竞争者。

3. 开展网络营销

具体措施包括建立企业网站，加入 DMS 系统，创建电子商务平台，直接给潜在的会展参与者发函及电子邮件等。网络营销具有高效、快捷、方便等优点，使展览举办更加顺畅、低耗，是实现利润最大化的手段之一。

小贴士

会议场地营销渠道

会议场地营销渠道大体上可分为两类，即直接营销渠道和间接营销渠道。直接营销渠道，又称为零级渠道。会议场地直接向顾客推销产品，顾客则直接向会议场地订购膳宿或其他服务。间接营销渠道，即借助于中间商实现供需结合，根据中间商的数目，又可以分为一层、二层、三层渠道。如会议场地一经销商一代理商一顾客，便是一个二层渠道。会议场地与顾客的中介即中间商大致可以分为三种，即批发商、零售商和特殊代理商。特殊代理商内涵极广，如会议经销商、会议组织者、政府部门、学术团体的行政管理人员、会议场地代理商、会议场地客房预订系统以及旅游俱乐部等。

四、多样化促销策略

在营销过程中，针对行业内的参会商和业内专业观众采取有针对性的促销策略是必不可少的。上海国际会议中心能取得如此成就，促销功不可没，其中以下几点值得我们学习：

（1）通过电话、电子邮件、公共关系等手段，与客户保持日常联系。

（2）参加会展业界人士的聚会活动，积极在各种场合推介自己的场馆。

（3）专门策划一些活动，用以维系和提升与客户之间的合作关系，如推出忠诚客户优惠计划、举办客户答谢会等。

（4）为会议或活动组织者提供高品质的服务，树立良好的市场口碑。

五、优质服务策略

会展服务是使目标客户保持对会展活动信心与忠诚度的一项重要工作，也是会展活动的核心竞争力。上海国际会议中心积极为客户提供如下优质服务：

（1）尊重客户，倾听和采纳客户的建议。通过电话采访、座谈、客户调查、网站留言等，了解需求，解决问题。满足客户的需求也是让客户继续参会的最佳方法。

（2）吸引专业观众。针对客户需求，拟定并执行专业观众邀请促进计划，为客户组织到合适的目标专业观众。

（3）协助客户取得最好的会议效果。提供完善的参会信息，配合客户安排会议活动，配合其会场布置、新闻发布会等现场操作要求，使会议成功举行。

（4）向客户提供增值服务。提供信息发布会、市场研讨会、产业高层论坛、贸易撮合、商务旅行等增值服务，最大限度地提升客户满意度和忠诚度。积极主动地与客户沟通交流，有针对性地提供增值服务，发展和稳固忠诚客户群，对忠诚客户在一些服务项目上还可以酌情给予特权服务。

我来试 Let's try

通过学习，我尝试对上海国际会议中心的营销策略进行了梳理，如图 5-1-6 所示。

全面认识上海国际会议中心

地理位置优越；
会议室类型多样；
设施完善；
服务优良；
等等。

价格策略

根据不同类型的会场，结合宏观、微观环境等进行定价，如整数定价、心理定价、折扣定价等。

优质服务策略

积极为客户提供优质服务，如尊重客户，倾听和采纳客户的建议，吸引专业观众，协助客户取得最好的会议效果，向客户提供增值服务等。

品牌策略

打造自己的品牌。树立和巩固良好的品牌形象，注重生态设计、文化支撑、科技领先、服务至上。

多样化促销策略

针对行业内的参会商和业内专业观众采取有针对性的促销策略。

多层次营销网络策略

与时俱进，实施多层次的营销网络策略，如渠道扁平化与精耕细作、渠道扩展、开展网络营销等。

图 5-1-6　上海国际会议中心的营销策略

任务拓展

会议中心的营销竞争非常激烈，按照正常的营销理论，我们无法保证哪一天不在市场中处于低谷，那么如何在竞争中脱颖而出呢？

酒店或会议中心价格谈判技巧

价格是决定企业盈利率和所占市场份额的重要因素之一。酒店或会议中心人员必须掌握一定的价格技巧，这样在谈判中才能游刃有余。

一、资料充分

预先准备客人需要的各种资料，如酒店或会议中心介绍、地图、房间介绍、会议室名称、价格、面积、标价、会议套餐、菜单、各营业部门经营项目、营业时间等，熟记于心，遇有问询脱口而出，显得经验丰富、沉稳可靠。

二、适当报价

根据会议的需要，安排适当场地，同时兼顾公司会议预算、实力，予以适当优惠。其形式要符合星级规范，书面打印，严禁随意手写。

三、摆脱折扣困扰

这是销售中经常遇到的难题，客人常常以竞争对手的低价来压价，以消费总额高要求更多优惠，甚至以取消活动来要挟。遇到这种情况，不能显得厌烦，也不能动辄以权限范围为借口，将问题推给部门经理，而应有相应对策回答客人。

1. 引导客人关心产品的价值而不是价格

例如：本酒店或会议中心客房新、面积大、风景好、设施新，而某酒店或会议中心开业近十年，未装修过，房间状况相差很大。

2. 向客人说明本酒店或会议中心的独到之处

例如：本酒店或会议中心面临大海（或花园、湖景等），环境优美，还有本市最好的夜总会和桑拿中心。

3. 把讨论引向深处，使价格不再是问题的焦点

例如：XX 在上海只住本酒店或会议中心，为的是选择最佳酒店或会议中心，树立公司形象，您公司当然要超过它了。

4. 从客户的立场出发

例如：您的客人都是国内客人，吃中式可能会比较习惯，不如把自助午餐改成中式午餐，价格还可以从原来的 RMB98 每位降低到 RMB80 每位，您看怎么样？

5. 坚持让酒店或会议中心赢利

例如：我们这次为您提供的 Meeting Package 已经是我们最优惠的底价了，不可以再降低了，非常抱歉，希望您能够理解。

6. 判断客户是利用假象压价还是实情

例如：客户说：“皇冠假日酒店或会议中心报给我们的房价才 RMB350，你们酒店或会议中心还要 RMB450，太贵了。你们必须要低于 RMB350，否则我们就不把会议放在你们酒店或会议中心开了。”

分析：在目前的市场状况下，皇冠假日酒店或会议中心不太可能报 RMB350，因为低于它的平均房价和市场的平均房价太多，客人说的不一定真实，如果信以为真就被客人利用了。反过来，如果它真的报这么低的价格，那我们也没有必要在价格上与它再压价。就这一个会议团而言，与其过分和它压价，不如挖掘其他更好的、价格更高的客源。

7. 说明酒店或会议中心优惠政策，让客人得到优惠

您这次会议共 12 人，但预算又这么紧张。这样，与其会议室租金、茶点、早餐、午餐分开计算，不如用我们最优惠的会议套餐，您看呢？

四、考虑到意外事件

例如，如果会议团房间较多时，须提前一周提供客人名单；如有数量变更，至少提前通知（如提前一天），且不得超过某一正常比例（如 5%），要设立最低保证的房间数量。

如果是露天烧烤晚餐，除了确认正常的餐饮安排外，还要考虑到天气因素，事先说明如果因为天气原因，用餐按照同样的标准改在室内进行自助餐。

五、提供超值服务

如果：提供的服务 < 客人预期　结果：不满意，投诉。

提供的服务 = 客人预期　结果：感觉一般。

提供的服务 > 客人预期　结果：满意，赞赏。

结论：在必要的情况下，提供酒店或会议中心原本不提供的服务，扩大酒店或会议中心服务的内涵和外延，会使客人感觉物超所值，感到我们的工作无愧于五星级标准。

任务检测

我来练 Let's practice

一、实训题

全班分成若干小组，每组 4 ~ 5 人，以小组为单位分析附近某著名会议中心的营销策略。通过小组讨论，得出成功经验，学以致用。以文字的形式呈现值得学习的精髓。

二、填空题

1. 上海国际会议中心的价格策略主要有（　　）、（　　）、（　　）、（　　）、（　　）及（　　）。
2. 上海国际会议中心在品牌塑造方面注重（　　）、（　　）、（　　）及服务至上。
3. 上海国际会议中心为顾客提供（　　）、（　　）、（　　）、（　　）、（　　）等优质服务。

三、简答题

1. 简述上海国际会议中心的促销策略。
2. 上海国际会议中心的营销策略给我们哪些启示？
3. 结合实际分析学校附近酒店会议中心营销策略。

模块二　展览场地营销

学习目标

1. 会说明展览场地的产品内涵。
2. 能简述展览场地的类型。
3. 能分析展览场地的市场定位。
4. 能分析展览场地营销机会。
5. 能分析展览场地营销手段。

情境呈现

2017 年第 20 届中国古镇国际灯饰博览会在广东省中山市举行。A 展览中心，位于广东省中山市。作为国内著名的展览场地，A 展览中心当仁不让，立即着手策划这次营销活动。本次展览场地营销由资深经理王干负责。经过筹划，王经理确定了这次营销的主要任务，并立即带领团队投入到了工作中。

任务一　认识展览场地

任务描述

在 A 展览中心的此次培训中，熊心被任命为策划组主管。熊主管针对工作内容和成员的特长进行了细致了解和合理分工。

我是组员袁莉，新来的实习生，业务上不太熟练。于是熊主管让我先从了解展览场地开始学习。

任务分析

熊主管是个细致的师傅，他帮助我对展览场地产品进行了细分，并制作了一份认识展览场地的流程图，如图 5-2-1 所示。

图 5-2-1　认识展览场地的流程

任务实施

我来学 Let's learn

展览场地是举办展览的场所，它是展览活动得以举办所必备的硬件措施，如图 5-2-2 所示。

认识展览场地

作为展会展示和交易的平台，它是连接主办方、参展商、买家、供应服务商的枢纽，又是沟通政府、社会和企业的桥梁，是会展经济发展的载体。

图 5-2-2　展览场地

一、展览场地的产品内涵

产品是展览场地提供给市场以满足需要的东西。展览场地提供以其设备为基础的服务，这种服务依托于展览场地的建筑、展览区域、配套设施这些实体产品。此外，展览场地还直接给客户提供展览的相关服务、体验、信息等。

展览场地的产品内涵非常宽，它涵盖了展览活动得以举办所必备的基本设备设施，由硬件和软件两部分组成。

1. 展览场地的硬件

展览场地的硬件是展览业发展的基础和载体，它包括以下方面。

（1）展览场地位置。

位置的好坏必然影响展览场地的产品形象。展览场地应处于交通网络发达、各种交通设施齐全、四周交通便利的地区，以便于游客和参展者参加会展活动。当然，如果把展览场地建立在市中心的最繁华地带，营造成本必然很高，而且会受到日常繁忙交通的影响，造成人流、物流的不通畅。国外现代化展览场地的场址一般都选在城郊结合部，并将交通条件、环境条件和地形条件作为选址的三大要素进行论证。场址选定后，要与市政规划相吻合。如德国、法国、意大利等国新建的及尚在规划中的展览中心均将交通条件列为选址的首要条件，一般要求展览场地靠近国际机场，并且周围有两条以上的高速公路。

（2）展览场地内部的合理布局。

展览场地内部布局要“以人为本”。展览场地内部合理布局，可以使展览场地内部管理有序，方便参展商和观众，提高工作效率。展览场地应设有独立的卸货区，并预留充分的展品传送周转区域　这能够极大地方便布展。如在德国慕尼黑展览中心　为了避免人流、物流交织影响内部交通，场馆内部将人行区与货物运输区分开，人在展馆连廊里走，货物在地面上运。设置足够容量的停车场也是不可忽视的问题。如果展览场地规模较大，展厅之间要有免费的穿梭巴士，方便参观和组展人员快捷地到达各展厅　还可以在展厅间增设回廊，将展厅之间互相衔接，形成宽敞的人流枢纽区域，使人流压力充分缓解。此外，要有餐饮网点分布在各个展馆周围，方便参展商、观众就近用餐。会议中心要与展馆保持一定距离，避免与展览发生冲突。场址内可以保留部分绿地，方便展商观众在工作或参观之余有休闲场所休息。

（3）展厅要素。

① 展厅外观材料。它要全面体现展厅的功能。

② 展厅面积。一般来说，展厅单层面积不超过 1 万平方米。

③ 展厅层高。展厅层高一般为 13 ～ 16 米。

④ 地面条件。地面条件要全面考虑地面状况与承重条件。

（4）展览场地的设施设备。

① 供电设施。展览场地用电属一级负荷，应由两个电源二路供电，以保证发生事故时不中断电源。展览场地主要供电线路为三相交流电，线路频率为 50 赫兹，标准供电电压为 220/380 伏特（单相电压 220 伏特，三相电压 380 伏特）。

② 给排水。展览场地的供水系统负责采暖区域的循环管网、空调的冷冻水管道、卫生间的冷热水供给等。排水系统包括整个场馆的冷水、热水和废水排泄系统。

③ 空调。展厅的空调系统主要是为了调节人们所需要的温度、相对湿度、空气流动速度和空气洁净度等，使人们长时间处于舒适的状态。目前，一些现代化的展览中心普遍采用天窗自动换气系统，由计算机按照内外部环境温度、湿度自动调节窗的开启度，提高了展厅内的空气质量。

④ 空气压缩机。在现代化的展览中，要满足各类型展览会的需要，特别是机械类展览大型设备现场演示或布展装修的需要，必须配备大型空气压缩机，在布展和展览期间为参展商提供压缩空气的出租服务。没有中央供气装置的展览馆，通常提供小型空气压缩机出租服务，以满足参展单位需要。

⑤ 电梯。在一些中央人流密集区和回廊区要安装足够的自动手扶梯。展品及大件货物仅可通过货物电梯进入上层展厅。

⑥ 照明。展览照明的采光形式包括天然采光、人工光源采光及两者综合采光照明三种形式。展览场地一般都为所搭建标摊提供照明及电源安装服务，围绕效果要求布置照明设施。

⑦ 消防。展览会期间应高度重视消防安全的宣传和管理工作，展场内的布局应留有足够的安全疏散通道，主通道不得小于 5 米。安全应急通道、消防设施要完善。

⑧ 通信、网络与信息。展览场地在展位、会议室、办公用房等场所均提供多部直线电话，一般国内的展览场地都有无线覆盖，可支持手机通过扫描二维码连接。除此之外，展览场地还适当设置银行卡、IC 卡公话以及供领导和代表团使用的保密电话，满足展览活动中的各种通信需求。

⑨ 公共广播。公共广播负责向展厅、办公室、走道等区域提供可靠的、高质量的背景音乐、紧急通知、业务广播等服务。

⑩ 标志系统。标志系统在大型会展场馆建筑中至关重要，从某种意义上说，在各种活动中标志是人们无形的指挥棒。大量的人员流动需要 3 种基本标志，即楼层分布图、服务引导标识及环境朝向。标志上要有方向标牌、识别标牌，还要有中英文对照。

2. 展览场地的软件

展览场地的软件主要指服务，包括有形服务和无形服务两方面。优质的服务水平会增加顾客的满意度和忠诚度，树立良好的形象。

小贴士

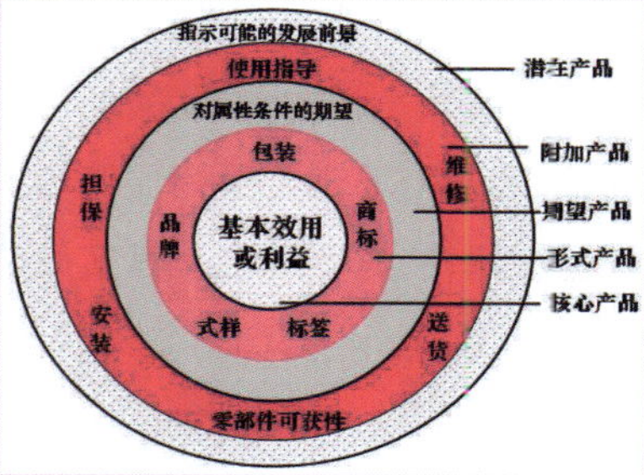

图 5-2-3　产品的五个层次

产品通常包括五个层次，即核心产品、形式产品、期望产品、附加产品以及潜在产品，如图 5-2-3 所示。

核心产品，指顾客真正购买的服务或利益，对于场馆来说，顾客要购买的核心产品就是参展。

形式产品，包括质量水平、特色、式样和包装等特征的产品的基本形式。场馆的基础产品就是指核心产品——参展借以实现的形式，包括参展区、停车场等。

期望产品，指购买者购买产品时通常希望默认的一组属性和条件。参展商在参展的同时希望享受到宽敞的场地、齐全的设备等，而观众们则希望能有清洁的展区、不拥挤的过道、有序的现场秩序等。

附加产品，指提供给顾客的额外服务和利益，以使自己的产品与竞争者的产品相区别。在获得了前面三个层次的产品之后，参展商或主办方希望获得差异化的服务和惊喜。这时会展场馆可以增加它的服务产品，如快速的登记手续、良好的现场服务和参展商到达场馆之前就已布置好的印有公司名称和 Logo 的展位等。

潜在产品，指产品最终可能会实现的全部附加利益和可能的演变。场馆应多开发这类产品，如建立参展商档案、展后的感谢信以及定期的慰问函等。这样做不仅提高参展商的满意度，还增加了他们的愉悦感，可以吸引参展商再次来参展。

二、展览场地的类型

展览场地作为举办展览的公共场所，目前大多数展览会是在展览中心举办的，但还有相当数量的展览会在其他场地举行，如体育馆等，按照不同的分类标准可以划分为不同的类型。

1. 按照展出的内容划分

按照展出的内容可分为综合性展览场地和专业性展览场地两类。

（1）综合性展览场地有多种功能：展示城市形象、传播城市文化、对外交流的重要窗口，广大市民了解城市发展、参与城市的重要载体，接待来访的场所，招商引资、招才引智的重要平台，爱国主义教育的重要基地等。如许昌市规划展览馆和长沙国际会展中心，许昌市规划展览馆以许昌城市发展历史为脉络，以“古韵新城智慧许昌”为主题，以亲民、互动、前瞻的“城市窗口”为定位，展示和宣传城市形象，彰显了城市发展的魅力与活力；长沙国际会展中心是长沙的一个标志性建筑，也是湖南省少数几家高标准、大规模、多功能的大型现代化展览中心。

（2）专业性展览场地又可分为工业、农业、贸易、交通、科学技术、文化艺术等不同类型的展览场地，如中国轻工业展览中心、江苏国际农业展览中心、宁波国际贸易展览中心、中国科技展览中心、南京文化艺术展览中心等。

2. 按照场地位置划分

按照场地位置展览场地可分为室内场地和室外场地两种，室内场地多用于展示常规展品的展览会，比如纺织展、电子展等；室外场地多用于展示超大超重展品，如航空展、矿山设备展等。

3. 按照规模划分

按照规模可以分为国际性展览场地、全国性展览场地、地区性展览场地等。

三、展览场地的市场定位

展览场地的市场定位是指展览场馆根据资源优势、客户偏好和竞争态势，确定本场地产品及服务在目标市场上应占有的竞争地位。其实质是展览场地针对目标客户，设计鲜明独特的营销组合，以形成本展览场地产品竞争优势。

1. 影响展览场地的市场定位的因素

展览场地市场定位可以从场地软硬件、服务项目与档次、竞争状况、客户利益及特征等多角度入手。一般展览场地市场定位必须重点考虑以下三个方面。

（1）树立本企业的鲜明市场形象，包括功能性形象和象征性形象，前者指为会议或展览会提供服务的实际功效形象，后者指场地的抽象化形象，如文化内涵深厚的形象、高档次的形象等。

（2）突出本场地的设施及服务与市场上同类场地之间的差异，这种差异应是形成本展览场地特色的前提条件，如表 5-2-1 所示。

表 5-2-1　国外著名展览场地自身定位举例

展览场地	定位
荷兰阿姆斯特丹 RAI 展览中心	人性化——高质量的硬件设施和舒适的展览环境
韩国首尔会展中心	多功能——文化、娱乐、休闲便利设施一应俱全，如同商业城或游乐园，也是著名旅游目的地
新加坡国际会展中心	豪华高效——全新加坡最大的宴会厨房，周边遍布五星级酒店、零售店和餐馆，毗邻国际级表演艺术中心和中央商业区，距机场仅 20 分钟车程

（3）确保客户在租用本企业的场地后能获得理想的收益，这是促成展览会主办单位或展览公司发生购买行为的决定性因素，也是有效市场定位的关键。

2. 展览场地市场定位方法

一般来说展览场地市场定位包括三个步骤，如图 5-2-4 所示。

图 5-2-4　展览场地市场定位三步骤

（1）识别潜在竞争优势。

展览场地分析竞争优势一般可以从以下四方面考虑。

① 形象差异：品牌形象是企业在信息时代最重要的因素。展览场地必须制造和宣传有个性、有影响的企业形象。一般展览场地的品牌形象通过 CIS 形象识别系统建立。

② 场地差异：各个展览场地都有差异。场馆投资者会通过设计参数处理，如场地容量、软硬件设施、周边环境等使场馆与众不同。

③ 服务差异：展览场地所提供的优质、完善的服务也是提高场地竞争力的有效措施。一般与展览活动有关的服务项目有：展品运输、展台搭建、住宿接待、商务咨询等。

④ 人员差异：一般一支高素质的员工队伍可以使展览场地拥有更强的竞争力。

（2）选择合适的竞争优势。

不是所有的差异都可以作为展览场地的竞争优势的。一般来说，展览场馆应选准一个特点，并使这特点成为行业第一。

（3）向市场传播、送达定位信息。

展览场地在确定自身的市场定位后，必须通过营销活动努力将场地的市场定位传递给客户，使顾客产生偏爱和认同。

我来试 Let's try

通过向熊师傅的学习，我对展览场地产品有了进一步的认识，结合相关渠道，我开始尝试将自己对 A 展览中心的认知进行了梳理，如图 5-2-5 所示。

A展览中心的基本概况 →	A展览中心是位于广东省中山市的一家著名展览中心，每年组织和举办数百个国内外展览会和许多著名品牌的商业推介活动，是中山市重要的会议中心和著名的展览场馆，也是该市重要的政治、经济、科技、文化活动中心和对外交流的窗口之一，为中山市的改革开放和社会发展做出了重要的贡献。
A展览中心的硬件和软件设施 →	在硬件方面，A展览中心的交通便利、四通八达，具有十分优越的地理条件；展位布置错落有致，内部结构合理；设施配套齐全。在软件方面，A展览中心深受各界好评，多次被评为“市先进单位”“市文明单位”。
A展览中心的类型 →	A展览中心属于全国性的综合性室内展览馆。
A展览中心的市场定位 →	一家立足广东、面向全国、走向世界的人性化、多功能的综合性高端场馆。

图 5-2-5　展览中心产品认知

任务拓展

国家会展中心

国家会展中心（上海），简称国家会展中心，由中华人民共和国商务部和上海市人民政府合作共建，国家会展中心（上海）有限责任公司投资建设并运营。作为国家会展项目，它以突破性的设计、完善的功能立足长三角，服务全中国，面向全世界，推动中国产业结构调整，促进经济发展方式转变，服务中国经济社会平稳健康发展（图 5-2-6）。

图 5-2-6　国家会展中心（上海）

随着 2016 年国家会展中心全面投入运营，一大批规模大、影响广、辐射强的国内外展会，将在这里举办；一大批与展会相关的现代服务业，将在这里集聚；一个全新的商业娱乐休闲中心，将在这里崛起。

国家会展中心必将成为上海国际贸易中心建设的加速器，成为我国"调结构、转方式、促平衡"的大载体，成为国内外交流合作、互利共赢、商机无限的大平台。

图 5-2-7　多功能展厅

国家会展中心可展览面积为 50 万平方米，包括 40 万平方米室内展厅和 10 万平方米室外展厅。室内展厅由 13 个单位面积为 2.88 万平方米的大展厅和 3 个单位面积为 1 万平方米的小展厅组成，全方位满足大中小型展会对展馆的需求。此外，还拥有 1 万平方米中央广场、1 万平方米多功能展厅（图 5-2-7）、8 米标高会展大道等多处富于变化的空间和场地，适合举办各类世界级、国家级、区域级大型经贸、文化、娱乐等活动。

一层北片除 1 个大展厅的双层结构外，其余均为单层无柱展厅（图 5-2-8），单层展馆净高 32 米；一层南片展厅柱网 27 米 × 36 米，净高 12 米；二层大展厅柱网 36 米 × 54 米，净高 17 米。阔大的展示空间，可以让展商尽情发挥，实现高品质的形象布展。

图 5-2-8　无柱展厅

货运方式：综合体内部配置有充足的停车位，设计了先进的交通体系，人车分流、人货分流、各业态之间自成体系，确保展会布展、撤展以及日常交通安全、有序。货车由北部货车轮候区出发，从北侧入口进入综合体，通过首层和二层环绕展厅的专用车道，从各个方向直达任何展厅，确保满足高效率地完成同期撤展和布展的工作需求。

客流方式：通过 8 米架空步道层可轻松到达 0 米层的一层展厅以及 16 米层的二层展厅。

配套商业中心位于建筑中央位置，与各展厅相连，也可通过地铁直达（图 5-2-9）。配备会议室、贵宾室、咨询台等展会服务设施，又集各类餐饮、休闲娱乐、展示营销、精品商店等功能于一体，既为展会提供配套服务，又延伸展览效应，提升商业价值，满足各类不同人群的需求，是国家会展中心的独特亮点。

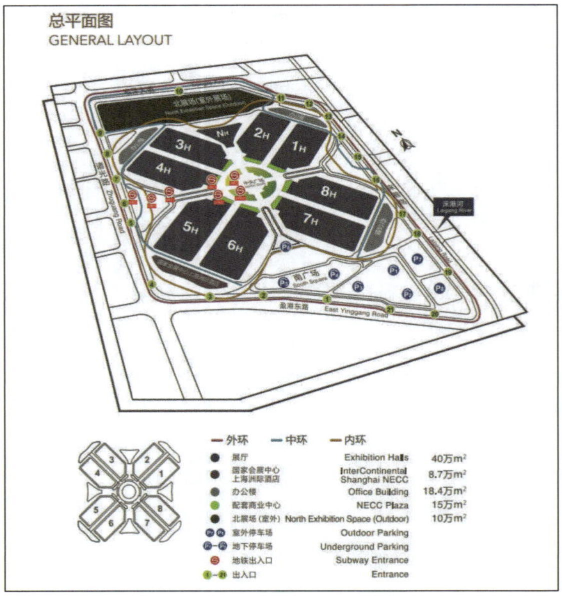

图 5-2-9　国家会展中心总平面图

任务检测

我来练 Let's practice

一、实训题

华东地区家居展览会将于 2019 年 9 月在上海举行。假如你是某展览中心的负责人，你将如何有的放矢地介绍展览中心产品？

（1）全班分成 6 个小组，每组 5 人，分别对展览中心产品进行介绍。

（2）请做好人员分工安排，制定合理的讲解策略。

二、填空题

1. 展览会期间应高度重视（　　）安全的宣传和管理工作，展场内的布局应留有足够的安全（　　）通道，主通道不得小于（　　）米。安全（　　）通道、（　　）设施要完善。

2. 作为展会展示和交易的（　　），它是连接主办方、（　　）、（　　）、（　　）的枢纽，又是沟通（　　）、社会和（　　）的桥梁，是会展经济发展的（　　）。

三、简答题

1. 展览场地的硬件和软件分别包括哪些内容？

2. 展览场地的类型有哪些？

3. 展览场馆如何进行市场定位？

任务二　分析上海新国际博览中心营销策略

任务描述

公司近期将要举行培训会议，学习上海新国际博览中心的营销策略。在这次培训中，康亮被任命为主管，我是新组员陈凯。上海新国际博览中心（SNIEC）自 2001 年开业以来，取得了稳定增长，每年举办 80 余场知名展览会，吸引了 300 余万名海内外客商。它的成功运营凸显了展会经济在中国及东亚经济区迅猛发展过程中的重要作用。为什么上海新国际博览中心会取得如此大的成就？它到底有哪些独特的魅力呢？在康主管的指导下，我慢慢地走进上海新国际博览中心，并尝试解开它神秘的面纱。

任务分析

在康主管的指导下，我从营销机会和营销手段等方面对上海新国际博览中心进行了分析，如图 5-2-10 所示。

图 5-2-10　分析上海新国际博览中心营销策略

分析上海新国际博览中心营销策略

任务实施

我来学 Let's learn

上海新国际博览中心（图 5-2-11）由上海浦东土地发展（控股）公司、德国汉诺威展览公司、杜塞尔多夫展览有限公司及慕尼黑展览有限公司共同投资建成，位于上海市浦东新区龙阳路 2345 号。上海新国际博览中心是上海地区的一个大型展览中心，1999 年 11 月 4 日奠基，2001 年 11 月 2 日正式开幕。

上海新国际博览中心是中国最成功的展览中心之一，它是中国第一家中外合资合营的展览中心。2002 年，上海新国际博览中心场地总出租面积达 89.82 平方米，共举办 44 场展览，其中许多展览在中国乃至整个亚太地区都堪称一流，如华交展、汽车展等。2003 年，销售展览面积达 101 万平方米，比 2002 年增加了 25.8%。而到 2013 年，承办项目已达 87 个，总面积达 622.46 万平方米，并且展览时间从 2 月一直到 12 月，全年几乎无空馆期。如今，上海新国际博览中心每年举办 80 余场知名展览会，正吸引着越来越多的展会在此举行。

图 5-2-11　上海新国际博览中心

一、营销机会分析

1. 经济环境

上海作为首批沿海十四个开放城市之一，自改革开放以来经济得到了快速发展，已进入全国“城市综合实力 50 强”“城市投资硬环境 40 优”等之列。上海的经济总量在天津、大连等国内大城市之上，位居全国前列。上海的工业较为发达，是华东地区重要的汽车、纺织、家电生产基地，重工业产品在全国都占有相当重要的位置，为“国际汽车展”“工博会”“服装节”等会展的举办提供了有力支撑；上海的农业在全国也占有一席之地，南汇水蜜桃、西甜瓜等一批本地农产品正逐渐走向全国舞台。另外，上海还是长三角地区最大的商贸中心。

2. 地理环境

上海地处东亚经济圈的中心地带，区位优势比较明显，交通发达。上海新国际博览中心地处上海浦东——中国商业、经济、科技、贸易、航运、金融和信息中心，经济发达，交通便利。

3. 硬件设施

上海新国际博览中心拥有国际一流的场馆等硬件设施。SNIEC 博览中心的设施包括展览馆、会议中心、商务中心、酒店、银行、邮电、运输服务、餐饮等。SNIEC 拥有 17 个单层无柱式展厅、3 个入口大厅和 1 座塔楼。其室内展览面积 20 万平方米，室外展览面积 10 万平方米。展厅设有灵活性分隔、卡车入口、地坪卸载、设备、办公室、小卖部及餐厅和板条箱仓库等。新国际博览中心的场地条件及硬件设施专业化程度高，即适合办展，场内交通动线明晰，多通道设置便于快速布、撤展。

SNIEC 凭借其独特的区位优势、先进而实用的展馆设施以及专业的服务品质，已成为促进国内外经济往来的重大国际展会平台。作为一个多功能的场馆，SNIEC 也是举办各种社会、商业及文艺活动的理想场地。作为我国第一家中外合资合营的展览中心，上海新国际博览中心已建设成为中国最成功的展览中心之一。

二、营销手段分析

（一）实施品牌竞争战略

吸引品牌展览公司和名牌展览会并得到他们的认可是展览场地重要的竞争手段。一般展览场地将打造具有竞争力的品牌视为首要任务。

1. 品牌标志演变

上海新国际博览中心品牌标志实现了新旧交替（图 5-2-12）。

（旧标志）　　（新标志）

图 5-2-12　上海新国际博览中心品牌新旧标志

旧标志基本外形由两个各自独立又相互萦绕在一起的圆环组成，个体元素和整体造型最大限度地突出了“交流、合作、分享、共赢”的宗旨。

新品牌标识以图文组合的形式呈现。图形部分以博览中心独特的三角形建筑布局作为设计元素。两个虚实交错的三角形组合给人以动感，传达出一种合作、分享与创新的品牌精神，同时也寓意 SNIEC 是一个知识、经济与文化交融的平台。字标部分考虑上海新国际博览中心的英文缩写“SNIEC”一直以来被广泛应用于国内外日常商务交流中，因而此次品牌革新将其正式品牌化。在色彩规划方面，由原来三色改为两色，即红色系与灰色系，代表活力与睿智。

2. 多维品牌战略设立

品牌战略是企业实现快速发展的必要条件。上海新国际博览中心在品牌战略与战略管理的协同中彰显企业文化，不断提高自身的实力。

（1）与新达新加坡国际会议博览中心及日本会展中心一起成立亚太会展场馆战略联盟。这次合作使上海新国际博览中心能够更加方便地学习先进的市场营销、运营管理经验，提升客户服务价值，进而提升自身的品牌形象。

（2）奉行“服务立馆”的理念，主要体现在：

① 以顾客为中心：始终把顾客的需求放在第一位。

② 持续改进：结合现实情况和顾客需求对场馆进行持续改进。

③ 进行质量测评：通过建立服务测评机制和跟国际标杆场馆对比提升服务品质。

④ 进行教育培训：上海新国际博览中心的教育和培训有两方面内容，一是加强服务人员的服务和质量意识，牢固树立“顾客为先，质量第一”的思想；二是提高服务人员的专业技能，增强服务技巧和效率。

（3）国外三大展览公司参与兴建起到了宣传效果。

2001 年，德国的三家展览公司参与兴建上海新国际博览中心，此举在全球范围内引起了极大关注；各个国家，尤其中国的各大媒体对此进行了积极的报道，极好地宣传了上海新国际博览中心。

（二）开展日常营销活动

（1）关注各大展览公司的组展计划，适时与相关公司或项目经理人保持联系。

（2）参加会展业界人士聚会活动并积极在各种场合推介自己的展览场地，如中国国际展览与会议展示会、中国展览场馆协会年会、中国会展经济研究会年会等。

（3）通过电话、电子邮件、公共关系等手段与客户保持日常联系。

（三）加入专业协会、组织

加入专业协会、组织是展览场地的无形资产，能在一定程度上提升其知名度和美誉度，并可以利用协会、组织关系网络共享资源。上海新国际博览中心是中国展览馆协会副理事长单位、上海市会展行业协会副会长单位、UFI 会员。

（四）注重宣传推广

上海新国际博览中心致力于成为亚太一流展览中心，以优质服务和举办世界级展览盛事享誉全国。它非常注重宣传推广，采用媒体广告、新闻公关和事件营销三种形式进行品牌培育和传播。

（1）媒体广告：选择国内外专业会展期刊或年鉴进行品牌推广，如 *Exhibition Word*、*Trade Show Week*、《中国会展》和《中国展览年鉴》等。

（2）新闻公关：一方面积极加强与新闻界联系，将企业具有新闻价值的信息通过新闻媒介报道吸引大众眼球，另一方面通过设计视觉统一公司出版物来创造积极的品牌形象。

（3）事件营销：定期举办各种顾客联谊会或答谢会加强和维护客户关系，还在一些大型展会开展期间对参展商、观众进行随机调查，以了解自身不足，不断改进。

（五）开展网络营销

互联网是会展业中最具魅力的营销工具。

（1）加入中国会展网。

（2）建立上海新国际博览中心网站，提供近三年展会日程、酒店目录、抵达方式、周边配套等信息，并提供上海旅游会展网链接。

（3）加入 DMS 系统。

会展行业内素有“展览组织者先选城市，再选展馆”的说法，因此加入上海目的地营销系统，对上海新国际博览中心具有明显的现实意义。

上海旅游会展网中设置“会展盛事”栏目，点击进去后访问者可以在“推荐场地”找到上海新国际博览中心。同时，上海新国际博览中心登录“大众点评”，方便访问者随时了解情况（图 5-2-13）。

图 5-2-13　上海旅游会展网

（六）加强客户关系管理

一方面，上海新国际展览中心实施定期的客户满意度市场调查；另一方面，根据调查的结果对员工进行定期培训，以便更好地满足客户的需求。

小贴士

展览中心实施品牌战略的好处

一个著名的品牌能救活一个企业，一个品牌化的展会，同样也是一个会展公司赖以生存和发展的根本。品牌会展，是指具有一定规模、能代表这个行业内的发展动态，能反映这个行业的发展趋势，能对该行业有指导意义并具有较强影响力的展会。从国外的成功展会来看，实施品牌战略的好处主要有以下几点。

1. 有利于获得权威协会和行业代表的强烈支持

在国际上政府一般不干预企业举办展会，展会的成功与否，多取决于整个行业和企业对其认可的程度。展览中心实施品牌战略，获得权威行业协会和该行业内主要代表的支持和合作，无疑就增加了该展会的商誉和可信度，使展览中心规模不断扩大，并带来巨大的宣传效果和影响力。

2. 有利于提高展览中心的知名度

品牌是商品质量内涵和市场价值的评估系数和识别徽记，是企业参与竞争的无形资本。代表行业的发展方向是品牌化展会的重要特征。能代表行业发展方向的展会就会有明确的目标市场和目标客户，就能提供几乎涵盖这个行业的所有信息。展会提供的信息越全面、专业，观众就越积极，参展企业也就越踊跃。这样，展览中心就有较高的知名度和较强的影响力，就会得到业内的肯定和支持。

3. 有利于取得较好的规模效应

展览中心实施品牌战略后，品牌展会就能吸引众多参展商、专业观众的参与，取得较好的规模效应。同时，展览中心的品牌是展览中心对于文化、制度、精神的一种体现。消费者如果对展览中心的品牌印象深刻，展览中心就可以有效地减少不必要的营销，从而大大减少展览中心的营销成本，进而促进品牌的发展。

我来试 Let's try

在康主管的指导下，我来试着对上海新国际博览中心进行了分析梳理，如图 5-2-14 所示。

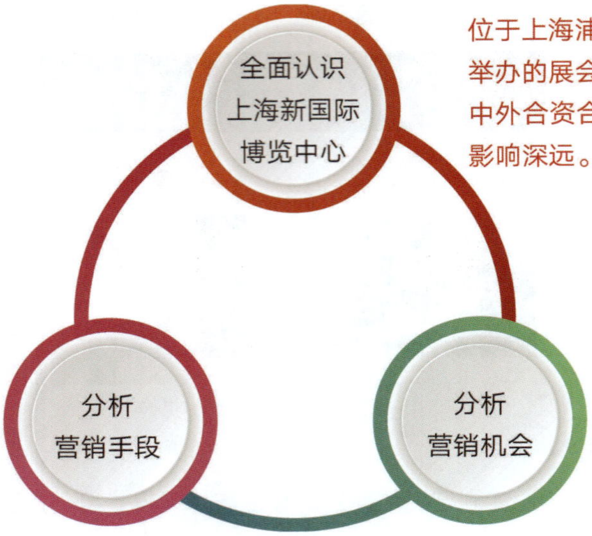

全面认识
上海新国际
博览中心
位于上海浦东，地理位置优越；
举办的展会较多，专业能力先进；
中外合资合营的第一家展览中心，
影响深远。
自2001年起，上海经济一
直高速发展；
地处上海浦东，经济发达，
交通便利，区位优势明显；
拥有国际一流的场馆等硬件
设施。
分析
营销手段
分析
营销机会
实施品牌战略；
加强客户关系管理。

图 5-2-14　对上海新国际博览中心的营销策略分析

任务拓展

上海新国际博览中心的营销模式

一、运营模式

上海新国际博览中心，是我国首个由外方参与投资及管理的展览中心。这种吸收国外资本参与建设与运营管理的模式为其发展带来了诸多便利，如三家德国股东凭借其在业界的知名度、对市场的理解与把握以及丰富的客户资源，为新国际博览中心带来了许多国际重量级的品牌展览会并吸引了众多国际参展商和观众，这也在很大程度上提升了它在全球的品牌形象与品牌知名度。另外，三家德国股东还在专业化管理与技术层面上给予大量支持，并贯穿展馆规划建造与后期设施改善和工程扩建始终，从而保持了上海新国际博览中心设计理念的先进性。

经过对上海新国际博览中心的分析，康主管告诉我，要想成功地领略策划的精髓，必须全面掌握上海新国际博览中心的相关管理模式，这样在策划中才能真正做到有的放矢，才能更好地提高自己的实战能力。

二、管理模式

1. 强化服务理念与服务质量、坚持服务持续创新

始终坚持“顾客的满意和认同是展馆长期赢得市场、创造价值的关键”，不断强化服务理念与服务质量并坚持持续创新，具体表现为：

（1）积极推行多层次、多种类、多规格的服务培训，大力加强服务人员的服务理念和质量意识，不断提高服务人员的专业技能、服务技巧与服务效率。

（2）实行定期客户满意度调查，及时了解参展商、观众和主办者的需求以及对当前服务的评价，逐步建立和完善服务质量测评机制。

（3）结合市场新的需要，推进服务的持续创新。如2004年在安防监控系统的优化，标示系统的更新，小吃吧、西餐厅和商务中心等会展配套服务设施的扩容改造方面加大投入，增强了展馆的配套服务功能，同时还在空调系统、消防系统、室外展场等方面进行了技术改造。可以说，正是优质的服务理念、过硬的服务质量、持续的服务创新使上海新国际博览中心能够不断提高品质、提升竞争力并连续创造佳绩。

2. 注重节省与成本控制、坚持低成本战略

低成本战略一直是上海新国际博览中心追求的目标，其具体做法有：

（1）加强高成本领域的成本控制，最大限度减少企业的金融成本。如尽量避免过多的借贷，通过与金融机构的谈判寻求较低的贷款利率，选择在资金宽裕的情况下投入开支项目。

（2）狠抓运营成本的控制，积极加强存货管理，力求做到合理采购、及时回收、避免资源的浪费。

（3）善用预算，如每年整理以往的成本资料，列出所有超支项目，制定合理预算，增强企业资金运作的有效性。

（4）鼓励全体员工参与成本控制，要求员工不但牢记成本控制准则，还要在日常工作中付诸行动。

（5）对非核心业务实施外包，降低企业综合成本，如在保洁、保安、餐饮等方面，引入了专门的物业和餐饮管理公司，有效控制了成本，还改善了非核心业务的质量。

3. 注重国际交流与合作

上海新国际博览中心的合作是中德双方开诚布公、真心融合的典范。对内，德国三大股东始终把国际展馆建设上的经济与技术毫无保留地应用于上海新国际博览中心，德方技术人员经常在管理与服务方面进行技术指导；中方也一直保持高效、真诚配合的精神与态度，做到了“和而不同”。对外，积极推动国际间的交流与合作，如前面提到2003年11月成立的亚太会展场馆战略联盟，加强了中、新、日三方在客户服务、市场营销、运营管理、设施技术、研究等领域中的合作与交流，从而吸引了更多的国际会展进入亚洲，进一步强化和巩固了各自未来的市场竞争地位，提升了竞争力。

4. 实行海关等职能部门驻场模式

上海新国际博览中心实行海关等职能部门驻场模式，使自身成为监管区域，令涉及境外展品的国际性展会可免缴保证金，从而为企业办展提供了极大便利。

任务检测

我来练 Let's practice

一、实训题

2019 年 8 月国际模具展览会将在上海举行。假如你是某展览中心的负责人，请你拟写一份展览中心营销策略。

（1）全班分成 6 组，每组 5 ~ 6 人，以小组为单位拟写一份营销策略。

（2）通过小组讨论，制定工作步骤，确定相应的工作目标、工作内容、工作方法及人员分工，完成方案拟写。

二、填空题

1. 上海新国际博览中心由上海浦东土地发展控股公司、德国（　　）展览公司、（　　）展览有限公司及（　　）展览有限公司共同投资建成，位于上海市浦东新区（　　）路（　　）号。

2. SNIEC 拥有（　　）个单层无柱式展厅、（　　）个入口大厅和（　　）座塔楼。室内展览面积（　　）平方米，室外展览面积（　　）平方米。

三、简答题

1. 试分析上海新国际博览中心的管理模式。

2. 根据所学知识，请你对附近著名展览中心场地营销机会进行分析。

项目六
企业参展营销

导学

模块一　企业参展前营销

学习目标

1. 能简述参展营销的概念。
2. 能归纳观众常见的参观动机。
3. 能明确企业参展目标的主要类型。
4. 能明确企业选择展品应考虑的因素。
5. 能辅助企业进行展前观众的邀请与宣传。
6. 能辅助企业筹备参展组织工作。

情境呈现

APPPEXPO（上海国际广告印刷包装纸业展览会，以下简称上海国际广印展），由东浩兰生集团上海现代国际展览有限公司主办，已有 20 多年的历史，也是经国际展览业协会 UFI 认证的全球著名品牌展会。上海国际广告技术设备展览会作为上海国际广印展最重要的组成部分，展会宗旨是为广告标识行业提供一站式解决方案，打通广告标识业上下游关系，探索未来广告标识的新发展。让中国看世界，让世界看中国。

第二十六届上海国际广印展于 2018 年 3 月 28 日至 31 日在上海虹桥国家会展中心举办。苏州美达广告有限公司是一家创建不到两年的民营企业，呈现出良好的发展势头。在接到上海国际广印展主办方的招展邀请后，公司详细地了解了该品牌展会的情况，最终做出了参展决定。

任务一　展前观众邀请与宣传

任务描述

作为已经确认参加 2018 上海国际广印展的参展商，苏州美达广告有限公司把明年展会的营销工作列为重点项目，而客户的邀请和宣传则是公司参展前筹备工作的重头戏。我是公司市场部的营销助理孙莹，进公司不到一年，第一次参与大型展会营销项目相关工作，对业务还不够熟悉。

任务分析

为了尽快投入公司参展前的计划与筹备工作，我一边通过书本和网络资料加强学习，一边向同事李璐请教如何进行广印展前的客户邀请和宣传工作。李璐为了让我更清晰地掌握相关要点，特地帮我画出了一份展前观众邀请与宣传工作流程图，如图 6-1-1 所示。

图 6-1-1　企业展前观众邀请与宣传工作流程

任务实施

我来学 *Let's learn*

展前观众邀请与宣传

一、参展营销

参展是一种省时省力的有效途径。展览会作为企业的一个有效的商务平台，具有费用成本低、推广效果好的特点，越来越多的企业已经认识到展览的营销优势。

参展营销是指参展企业或组织通过参展前、展中、展后阶段的一系列行为，利用多种手段向目标观众进行最大限度的营销，从而实现预期的参展目标的过程。

二、展览会的营销功能

对于参展商来说，展览会具有以下功能：

（1）展示产品、宣传品牌。

（2）洽谈贸易、拓展市场。

（3）收集信息、交流技术。

（4）整合传播、强力促销。

三、观众的参观动机

专业观众俗称“买家”，是指从事展览会上展示产品的设计、开发、生产、销售或服务的专业人士以及终端用户。具体来说，专业观众主要包括现实经济生活中的采购商、代理商、零售商和终端消费者。对于参展商来说，获得参展效益的关键对象是采购商。

是否带有专业针对性是专业观众与一般观众的主要区别。专业观众参加展览的目的性很强，通常是为了对某一领域进行深入考察与研究，或者是寻找商业机会；不带有专业针对性的观众属于一般观众，其人数众多，涉及面广，参加展览的目的主要是为了满足求新、求知的欲望和娱乐欣赏的需要，其感兴趣的往往是最终消费品、艺术品或稀有商品，很少涉足技术性强、观众不能直接购买和使用的中间产品。

小贴士

在一个展览会上，如果专业观众数量多、质量好，就会吸引更多潜在企业或组织参展；越多的高质量参展商参展，反过来又会吸引更多的专业观众。

四、企业参展目标

参展目标是企业参展策划、筹备、展出和后续跟进等每一项工作的方向，也是每一项工作评价的基础和标准。一般来说，企业参展目标除了按照不同市场目标来划分外，还可以划分为两大类：经济目标和心理目标。

1. 经济目标

（1）市场调研。

（2）产品展示与宣传。

（3）销售与成交。

2. 心理目标

（1）建立、维护企业形象。

（2）建立、融洽客户关系。

小贴士

无论是经济目标还是心理目标，都是企业参加展览会的重要目标，只是不同企业所选择的侧重点不同而已。对于迫切希望提高经营、渴望经济效益再上一个台阶的参展企业来说，经济目标无疑应摆在第一位。而对于那些希望提升本企业形象，或希望增强观众对本企业认识的参展企业来说，心理目标就显得非常重要。

五、参展企业常用的观众邀请方式

1. 直邮邀请

简称 DM，是指参展企业通过邮寄、传真、专人派送、电子邮件等方式把邀请函、请柬、参观券或其他展会宣传资料有选择性地直接交给潜在观众。直邮邀请是参展商使用最广泛的宣传方式，也是成本效益最佳的会展宣传方式。

小贴士

DM 方式邀请观众的优势

（1）针对性强——针对潜在目标客户，甚至采取一对一的沟通方式进行，一步到位。

（2）人情味足——起源于书信，有书信特有的亲切感，易被观众接受。

（3）可测性高——能使参展商容易获得目标观众的直接反馈，传播效果易于测量。

（4）经济实惠——使用资金投入较小，回报率高。

2. 电话邀请

电话邀请是一种直接的、双向的沟通与宣传方式，具有省时、省力、快速沟通的优点，被邀请人往往较难拒绝。商界人士大都讲究信誉，而且被直接邀请心里总是高兴的，一旦答应往往不会食言，所以电话邀请方式的总体效果很好。

3. 媒体广告

媒体广告是一种最常见的间接邀请观众的方式，也是吸引目标观众的主要手段之一。

会展广告的传播范围可覆盖已知的和未知的所有目标观众，通过在专业媒体和大众媒体上做广告，可以将展览信息传递给直接邀请方式所遗漏的目标观众，同时也可以强化直接邀请的效果。因此，参展企业一定要配合会展主办方做好媒体广告宣传工作。

4. 借助中介机构的联络渠道邀请

（1）与行业协会或商会联合邀请。

各行各业都有自己的行业协会或商会，其中协会往往拥有众多的会员，并定期发布各类信息，或组织各种各样的活动；商会对其会员公司的动态了解较多，对它们的发展战略、投资计划及各自的特点也有一定的掌握。因此，参展企业可以取得各地行业协会或有影响的商会的支持，利用它们强大的号召力并借助它们的渠道向观众发出邀请，以取得事半功倍的成效。

（2）通过驻外机构或外国使领馆邀请。

对于某些大型国际展览会，参展企业还可以通过我国驻外机构或外国使领馆的渠道向国外的专业观众发出邀请。

5. 其他邀请

除以上四种方式外，还有一些其他的观众邀请途径。比如，利用国内外其他同类展览会，即到世界各地同类型的专业展览会、专业市场上派发邀请函、门票或展讯，以激发买家的兴趣，并进一步对参展企业进行展前宣传。近些年还出现了一些高级个性化的邀请观众的形式，例如组展商或参展商为 VIP 买家提供免费客房、商业配对服务等。

六、展前宣传活动

展前宣传活动是指参展企业联合主办方运用广告宣传、公关活动及媒体报道宣传等手段，在展会前期营造声势，以吸引更多高质量的专业观众前来参观洽谈的过程。

我来试 Let's try

作为聚焦全球广告与标识行业未来发展趋势的专业展会，上海国际广印展基本都是专业观众参观。在李璐的帮助下，我开始尝试将公司在广印展前进行客户邀请与宣传工作的要点进行具体分析，如图 6-1-2 所示。

分析观众参观动机

（1）发现新产品。
（2）搜集产业发展趋势信息。
（3）寻找新供应商。
（4）搜集技术信息。
（5）进行市场调研。
（6）寻找合作伙伴。
（7）了解竞争者情况。
（8）寻找新产品进行代理。
（9）与其他参观商建立业务联系。
（10）比较价格。
（11）为未来参展考察。
（12）巩固与老供应商的关系。
（13）确认已做的购买决策是否明智。
（14）下单采购。
（15）参加研讨会或其他特别活动。
（16）公司奖励员工，给员工旅游机会。

确定公司参展目标

苏州美达广告有限公司的参展目标如下。
（1）经济目标。
① 获得订单，促进销售。
② 进行市场调研。
③ 向客户或者潜在客户介绍新产品或服务。
④ 开拓新市场或保持市场份额。
（2）心理目标。
① 加强与客户的沟通，增进双方合作。
② 熟悉相关产品领域的参观者。
③ 提高企业品牌忠诚度及知名度。

进行广印展观众邀请

公司采用以下方式进行观众邀请：
（1）直邮邀请。
委托邮局、快递公司办理直接发函邀请；选派专人以登门拜访的方式邀请重要买家。（邀请时可附送小礼品、贵宾卡）。
（2）电话邀请。
通过拨打电话的方式邀请目标观众参展。
（3）媒体广告邀请。
选择在有影响的媒介上做广告。
（4）借助行业协会的联络渠道邀请。
由于公司是江苏省广告协会的会员，可以取得协会的支持，联合邀请观众。

图 6-1-2　广印展前客户邀请与宣传工作要点（1）

开展广印展前宣传活动

公司的展前宣传活动如下。

（1）广告宣传。

① 专业媒体：包括专业刊物或网站等，选择在受众与公司的目标客户一致而且价格合理的媒体刊登广告。

② 观众邀请函：由组展商直接邮寄或分发给观众，可以充分利用主办方在邀请函上提供的免费广告，还可以主动刊登一些有吸引力的广告，以引起媒体和专业观众的关注。

（2）公关活动与媒体报道。

① 专业媒体：在展会筹备期间，公司将不断地发掘和创造展会及企业的卖点和亮点，创造出既对自己有利又让媒体感兴趣的新闻事件以供媒体报道。

② 会议活动：在展会筹备阶段可以举行新闻发布会、记者招待会等，为展览会的举行做宣传铺垫。

③ 公益赞助：一是选择热点领域，二是要积极争取媒体支持。

④ 评奖与表演活动：积极参加主办方组织的评奖活动，准备展会期间与展品相关的表演或娱乐性表演活动。

（3）社交媒体宣传。

首先，公司要根据参展目标来设计社交媒体营销的主题和创意；其次，以目标观众的需求为导向，生产和传播有价值的内容。此外，要精心策划，努力提高微信等社交媒体营销的互动性和参与性，并尽可能使用多样化的形式。

图 6-1-2　广印展前客户邀请与宣传工作要点（2）

任务拓展

怎样成功开展电话邀请

怎样成功开展电话邀请

电话沟通是通过对方的语音、语气、语速、语言等来判断对方的心理活动。所以，对于电话邀请来说，能够一步到位找到目标观众，引起观众的兴趣，掌握观众的心理，获取观众的信任，成为决定电话邀请成功的关键步骤 。

首先，要准确地定位目标观众，拨打企业拜访电话的首要环节就是要确认通话的人就是参展商要找的关键人。

其次，要做好电话邀请前的准备工作，电话沟通的过程非常短暂，只有准备充分才能抓住难得的机会。要做好以下准备工作：

① 明确给观众打电话的目的。

② 明确为了达到目标所必须提出的问题。

③ 设想观众可能会提到的问题并做好准备。

给观众打电话时，如果对观众所提的问题不是很清楚，要花时间找一些资料，客户很可能怕耽误自己的时间而把电话挂掉，这不利于信任关系的建立。因此，事先要做好资料的准备工作，资料最好就放在手边，以便需要查阅时立刻就能找到。也可以把观众经常问到的问题做成一个工作帮助表，以便快速查阅，一定要注意千万不能让观众在电话另一端等待太长时间。

再次，要设计出一套观众愿意听下去的沟通方案，取得观众的信任。电话邀请的开场白能否引起观众的兴趣，决定着电话邀请的顺畅程度。所以，电话邀请中要有引人注意的开场白，最好在通话开始的前 10 秒就能抓住观众的注意力，并引发他的兴趣，最终取得观众的信任。

最后，要着重强调自身价值。在观众愿意听下去时，一定要迅速切入谈话正题。商界人士最注重的还是实实在在的利益，因而电话邀请时要善于用参展利益作为谈话的内容来引起观众的兴趣。 所以电话邀请的关键是要了解观众，了解他们现在需要什么、怀疑什么以及所面临的难题是什么，在此基础上再做有针对性的告知，才能打动观众的心。因此，在描述展览会时，应该重点强调参展能够帮助观众解决哪些实际问题，能够为观众创造哪些价值和利益，要将展会招商信息变成有效的帮助策略，这样观众才会比较容易接受邀请。

此外，在电话邀请的过程中，还要注意接听电话的一些技巧，比如在与观众交流时，要做到兴奋、耐心、亲切，不与观众争辩，同时还要注意轻松，不要一本正经，要有亲和力。

任务检测

我来练 Let's practice

一、实训题

活动 1：

知行图书有限公司是华南地区的一家小型民营企业，已确认要参加第三届南方图书交易博览会。请你结合本届书博会的情况分析该企业如何进行展前客户邀请与宣传工作。

活动 2：

（1）将全班分成若干小组，每组 4 ～ 6 人，以小组为单位为知行图书有限公司开展书博会前的电话邀请工作，模拟拨打电话给目标观众的过程。

（2）各小组将邀请的过程拍成视频，在班级内进行汇报和交流，讨论电话邀请工作开展的关键和技巧。

二、填空题

1. 参展营销是指（　　）或（　　）通过参展前、展中、展后阶段的一系列行为，利用多种手段向（　　）进行最大限度的营销，从而实现预期的（　　）的过程。

2. DM 方式邀请观众的优势有：（　　）、（　　）、（　　）、（　　）。

3. 展前宣传活动是指参展企业联合（　　）运用广告宣传、（　　）及（　　）等手段，在展会前期营造声势，以吸引更多高质量的（　　）前来参观洽谈的过程。

三、简答题

1. 专业观众和一般观众有什么区别？

2. 企业的参展目标有哪些？

3. 列举参展企业常用的观众邀请方式。

4. 参展企业常用的展前宣传活动有哪些？

任务二　参展筹备和组织工作

任务描述

在苏州美达广告有限公司选定了广印展的展位后，负责该项目的参展经理高博开始给参展项目工作组人员安排具体的参展筹备和组织工作。高经理特地告诉我，筹备和组织工作是企业参展计划的核心内容，我应当积极参与其中，一定会积累不少宝贵的工作经验。

任务分析

企业筹备组织参展涉及的工作环节较多，主要环节如图 6-1-3 所示。

图 6-1-3　企业参展筹备和组织工作环节

任务实施

我来学 Let's learn

参展筹备与组织工作

一、参展商手册

在决定参展前或完成报名后，参展商将收到展会组委会发来的参展商手册，主要包括的相关参展文件有：

① 展场平面图；

② 场馆 / 展厅平面图；

③ 参展报名表；

④ 提供各项服务的文件；

⑤ 可用空间范围；

⑥ 参展条件；

⑦ 相关规定。

二、选择参展展品的原则

选择展品有三条原则，即针对性、代表性、独特性。所谓针对性是指展品要符合展会的目的、方针、性质和内容；代表性是指展品要体现企业的技术水平、生产能力及行业特点；独特性是指展品要有自身的独特之处，能和其他同类产品相区别。

小贴士

展会上的一切展示活动都是围绕展品而展开的。然而，展会观众只会对较少的展品留下比较深刻的印象，与此同时，有限的展台空间内往往只能陈列参展企业的部分产品与服务。因此，参展商需要谨慎选择参展展品。

三、展品运输

展品运输是指展品包装结束后，通过运输工具将展品移动至目的地的行为（包括展品装卸作业），其责任范围为自出发地的展品包装箱离地时始，至到达目的地的展品包装箱落地时止。

在整个参展过程中，展品运输作为关键的一个环节，是企业参展的生命线。如果在展品运输这一环节稍有差错，将会严重影响企业的参展计划；有时，甚至会将耗资巨大的出展计划化为泡影。

四、展台

展台一般是指在展会上用来展出商品和图片等物品的单位空间。展台是参展商的名片，其规模、设计和外观应与展品及公司形象一致。根据面积和装修风格的不同，分为标准展台和特装展台，也分室内展台和室外展台。

标准展台又简称“标摊”，是展台搭建中的一种便捷而有效的形式，它由主办单位指定的搭建服务商（即主场搭建）来统一搭建和拆除，有助于为参展商节省时间和费用，如图 6-1-4 所示。普通标准展台包括以下基本配置。

楣板：观众可以通过楣板上的信息，在展会上找到参展商的展台，楣板信息一般包括中英文公司名称和展台号。

常见配置：采用喷白展架围板，根据参展商的尺寸要求搭建而成；展台内的地面铺地毯，并提供椅子、咨询桌、废纸篓、射灯以及插座。这些配套设备的数量是根据参展商展台的大小而定的。参展商如果还需要在标准配置的基础上增加其他额外的设施设备，可以向相关服务商租赁。

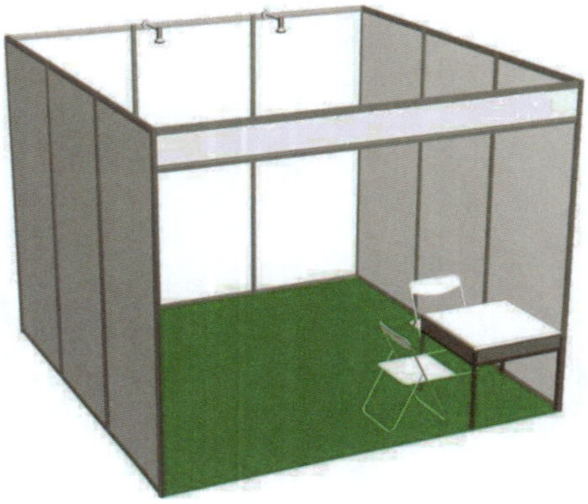

- 展位规格：占地 3 米 ×3 米，高 2.4 米
- 展位材料：八棱柱铝型材料
- 展位配置：楣板、1 张咨询桌、2 张折椅、2 盏射灯、满铺地毯、1 个废纸篓、1 个 220 伏特 /500 瓦的电源插座

图 6-1-4 普通型标准展台

展台知识知多少

常见的展台类型有以下几种。

1.“道边型”展台

也称“单开口”展台，它夹在一排展位中间，观众只能从其面前的过道进入展台内，这种类型的展位租金最低，中小企业在选择这类展台时要注意它的位置，优先挑选位于洗手间、小卖部、快餐厅、咖啡屋附近的展台，这些地方是展会人流最密集的区域，易于捕捉商机（图 6-1-5）。

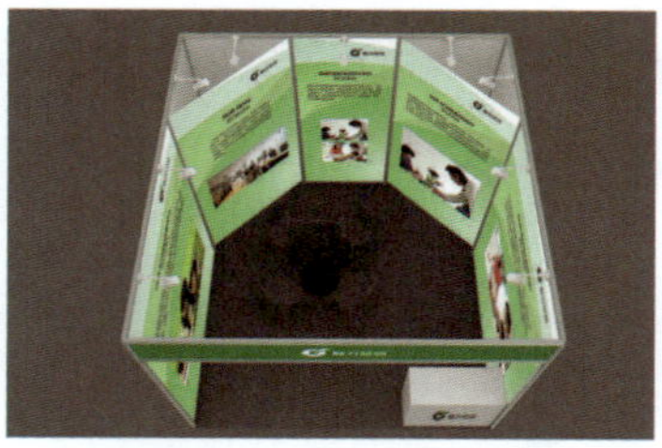

图 6-1-5 “道边型”展台

2.“墙角型”展台

也称“双开口”展台，它位于一排展台的顶端，两面邻过道，观众可以从它前面的通道和垂直于它的过道进入展台。这种展台与“道边型”展台相比，面积相同，但多出一条观众进入展台的侧面过道，因而观众流量较大，展示效果相对较好，当然租金也要比“道边型”展台高出 10% ~ 15%（图 6-1-6）。

图 6-1-6 “墙角型”展台

3.“半岛型”展台

观众可从三个侧面进入这种类型的展台，其展示效果要比前两种好一些，企业在选择这种展台时，应该配合做好装修才能达到满意的效果（图 6-1-7）。

图 6-1-7　“半岛型”展台

4.“岛型”展台

在四种类型的展台中租金最高，它与其他三种类型的展台不同，观众可以从任意一个侧面进入展台内，因而更能吸引观众的注意力。这类展台适于展示，广告效果好，因而设计起来更为精心，搭建费用相对较高，它是大型企业参加展会之首选（图 6-1-8）。

图 6-1-8　“岛型”展台

小贴士

室内或室外空地，也称光地，一般为 36 平方米起租，不提供任何配置。如有需要，可向主场搭建商提前预订或现场租赁。一般企业在自行进行装修时选用。

我来试 Let's try

结合高经理制定的参展计划，我尝试梳理了苏州美达广告有限公司参加广印展筹备和组织工作的具体内容，如图 6-1-9 所示。

阅读参展商手册 →

作为参展商，公司需仔细阅读参展商手册，并在报名时提供以下信息：
（1）展台最小面积和最大面积（平方米）。
（2）在展厅内或展厅外的位置。
（3）展台的宽度和进深。
（4）展台类型。
（5）备选的展厅布置方案。
（6）装修类型 1 层或 2 层。
（7）展品及行业的介绍材料。

↓

签订参展合同 →

公司需要与广印展主办单位签订详细的参展合同，参展条款应涉及：
（1）出入证。
（2）展台类型及租金 。
（3）付款条件。
（4）合同终止条件。
（5）技术部分（搭建和拆除展台的时间和要求；展台设计方案；可用材料；展台高度；地面承重能力；电源安装技术；垃圾处理回收和再利用的管理规定；展台上的演示和广告；防火；保安；事故责任；保险以及事故预防等）。

图 6-1-9　广印展筹备和组织工作内容（1）

选择和运输展品

（1）选择商品。

公司在挑选广印展展品时考虑的因素，如表 6-1-1 所示。

（2）运输展品。

① 展品选定以后，公司需要联系并协助展品运输商按照展会要求完成展品的包装。

② 在产品包装现场，公司一定要指定专人与运输商办理展品交接手续，确保所有展品全部打包，并在包装箱外遵照国际惯例做好运输标记。

③ 制定一份完整的展品清单表，填写好广印展的国内展品运输委托书，如表 6-1-2 所示。

设计展台

公司在展台设计工作中的流程如下。

（1）提出设计需求。公司的参展负责人与设计公司的设计师、业务人员进行良好沟通。

（2）构思展示剧情。公司提供相关资料和要求，以帮助设计师构想展示剧情的大致框架。随着设计作业的推进，不断进行修正，在基本设计结束时决定各个主题的内容；注意要将重点放在重要主题的展示上，并利用创新的媒体来展示重点，同时善于利用各种新颖的宣传媒体使好的想法变成可行的具体方案。

（3）选择初步方案。公司应重点把握展台主题风格、空间结构、配套设备、图片设计和信息载体等方面，使设计方案与企业的参展目标及要求相吻合。

图 6-1-9　广印展筹备和组织工作内容（2）

表 6-1-1　参展商选择展品时考虑的因素

序号	考虑因素
1	参展商品与企业未来一段时间内的战略方向、全年产品推广计划相一致，部分产品还可以借势在展会上开展公共关系营销或事件营销
2	由于现代专业展览业细分化程度越来越高，参展展品应注意和展览会的主题保持一致
3	展出商品的数量应根据所选定的展台位置、面积大小来决定，有些展厅对展品的高度、重量、所使用的材料等有限定要求
4	客户关心的是最新或质量最好的产品，所以不应展出过时的产品
5	应选择展出效率最高的产品。对普通产品而言，在生命周期的导入和成长阶段，展会有事半功倍的效果
6	挑选所有产品中那些能够集中代表其他产品的类型（颜色、型号、功率）
7	所挑选的展品在技术、功能或外观等方面要与展会上的竞争对手形成一定的差异
8	所选择的展品应便于运输和保管，尽量减少展品运输中可能造成的麻烦
9	参展产品具有自主知识产权，或者取得了有效的知识产权授权使用许可
10	严格遵守《参展商手册》的有关规定，符合展会对展品的特殊要求

表 6-1-2　广印展国内展品运输委托书

国内展品运输委托书

递交期限：2018 年3月16日前

展会名称：	第二十六届上海国际广告技术设备展览会	承运商： 上海依佩克国际物流有限公司 联系人：孟 XX 先生 / 杨 X 小姐 联系电话： 021-6380 XXXX / 6380 XXXX 邮箱： mXXX @itpc.net.cn
展会日期：	2018年3月28日~3月31日	
展会地点：	国家会展中心（上海）	

展商（公司名称）：		展厅号：		展位号：	
联系人：		联系人手机：			
联系人邮箱：		联系人固话：			

展品清单明细表：

箱号	包装材料	展品名称	长（米）	宽（米）	高（米）	体积（立方米）	重量（千克）	备注
总计：		件						

续表

<table>
<tr><td colspan="9">我司现托上海依佩克国际物流有限公司提供如下服务:</td></tr>
<tr><td rowspan="4">进馆</td><td colspan="6">A. 上海集货仓库代收，将展品运至展馆服务</td><td>是否需要:</td><td></td></tr>
<tr><td colspan="6">B. 展馆卸货区卸车，将展品运至展台服务</td><td>是否需要:</td><td></td></tr>
<tr><td colspan="6">C. 展品在现场就位时的立起、放倒、特殊组装、二次移位服务</td><td>是否需要:</td><td></td></tr>
<tr><td colspan="6">D. 展品外包装箱存放服务</td><td>是否需要:</td><td></td></tr>
<tr><td rowspan="3">出馆</td><td colspan="6">E. 将展品从展台运至卸货区并装车服务</td><td>是否需要:</td><td></td></tr>
<tr><td colspan="6">F. 展品在现场拆卸时的立起、放倒、特殊组装、二次移位服务</td><td>是否需要:</td><td></td></tr>
<tr><td colspan="6">G. 将展品从展台运至上海集货仓库，等待展商提货服务</td><td>是否需要:</td><td></td></tr>
<tr><td rowspan="2">选A项必填</td><td colspan="3">1.预计展品到达上海集货仓库的时间:</td><td>3月</td><td></td><td>日</td><td colspan="2">截止进仓时间3月21日</td></tr>
<tr><td colspan="2">*汽运/快递公司名称:</td><td colspan="2"></td><td>单号:</td><td colspan="3"></td></tr>
<tr><td>选B项必填</td><td colspan="3">2.预计展品到达展馆的时间:</td><td>3月</td><td></td><td>日</td><td colspan="2"></td></tr>
<tr><td>选AB项必填</td><td colspan="3">3.预计现场布展人员到达展馆的时间:</td><td>3月</td><td></td><td>日</td><td colspan="2"></td></tr>
<tr><td rowspan="3">选B项必填</td><td>铲车</td><td>3吨</td><td>7吨</td><td>10吨</td><td>吊车</td><td>25吨</td><td>50吨</td><td>70吨</td></tr>
<tr><td>数量</td><td></td><td></td><td></td><td>数量</td><td></td><td></td><td></td></tr>
<tr><td>租用日期</td><td></td><td></td><td></td><td>租用日期</td><td></td><td></td><td></td></tr>
<tr><td>选C项必填</td><td>租用时间</td><td></td><td></td><td></td><td>租用时间</td><td></td><td></td><td></td></tr>
<tr><td colspan="9">我司承诺并明白如下事项:</td></tr>
<tr><td colspan="9">1.我司已经细阅并确认此份运输指南及运输收费标准，且对本委托书所填内容的正确性和真实性负责。</td></tr>
<tr><td colspan="9">2.我司将在操作过程中进行全程指导和监督（包括装卸，开装箱机吊装等）。</td></tr>
<tr><td colspan="9">3.我司明白并确认展品包装须符合装卸作业安全和承受多次运输搬运，并适合在展会结束后再次使用。</td></tr>
<tr><td colspan="9">4.我司同意依佩克物流员工在展品进出馆前对展品的体积和重量进行核对及更正，并按展会运输指南的收费标准计算进出馆费用及向我司收取。</td></tr>
<tr><td colspan="9">5.如我司对展品卸车就位有特殊的要求，且展品重量超过5吨，则会在展品抵达展馆前20天提供详细资料，如尺寸，重量以及特殊要求给依佩克物流，以便安排机力。</td></tr>
<tr><td colspan="9">6. 我司将按依佩克物流日程安排，以A.现金（ ）B.提前预汇款（ ）[注：进出馆期间展馆现场只接收现金] 将账单全数付 / 汇至依佩克物流账户。(括号内打“√”)</td></tr>
<tr><td colspan="3">公司签章</td><td colspan="4">姓名及职务（正楷）</td><td colspan="2">日期</td></tr>
</table>

任务拓展

到海外参展的展品运输

一、参展商通常应该在展会开展前多久准备展品？

答：由于国外对于展览品到达日期有着严格的规定，为了保证有足够的时间清关，通常在开展前 10 个工作日至 20 个工作日到达目的港，所以展商应该尽早准备展品。通常展商应该在正常的海运时间上加半个月至一个月的时间前备好展品，顺利出运。如果空运，应在正常空运时间加上十天时间，准备好展品，安排出运。

二、展览品运输与普通出口货物的运输有何不同？

答：展览品运输对于时间性和安全性非常严格，所有展品一定要到达目的国后才能够顺利清关，如果延迟清关或者无法清关则将导致参展商的巨大损失。所有展品一定要在开展日期之前送达展馆展位，从而确保参展商有充足的时间布展。

三、展品运输主要涉及哪些费用？

答：展品运输的费用不仅仅是单纯的运费，主要由以下这些成本组成：国内短期仓储费、国内文件费、报关费、检验费及运费等；国外文件费、清关费、仓储费、内陆运输费、进馆费、展品派送费以及晚到费、设备使用费等各种可能发生的费用。

四、展品出运前展商应该做好哪些准备工作？

答：仔细阅读展览品运输指南，严格按照承运商的要求来包装展品、粘贴唛头，准确如实地填写出运展品清单，对于需要出口商检证明、出口许可证、检验检疫证明等相关资料的展品应提前办理并及时交与承运商。

任务检测

我来练 Let's practice

一、实训题

活动 1：

（1）将全班分成若干小组，每组 4 ~ 6 人，以小组为单位，对确认参加第三届南方图书交易会的知行图书有限公司的筹备组织参展具体工作流程进行分析。

（2）各小组将活动成果制成 PPT，在班级内进行汇报和交流。

活动 2：

苏州美达广告有限公司还计划参加 2018 年底在泰国举办的上海广告印刷（泰国）展览会，请你谈谈公司到泰国参展的展品运输注意事项。

二、填空题

1. 在决定参展前或完成报名后，参展商将收到展会组委会发来的，主要包括的相关参展文件有：①（　　）；②（　　）；③（　　）；④（　　）；⑤（　　）；⑥（　　）；⑦ 相关规定。

2. 参展企业选择展品有三条原则，即（　　）、（　　）、（　　）。

3. 展品运输是指展品（　　）结束后，通过运输工具将展品移动至（　　）的行为，包括展品（　　）作业。

三、简答题

1. 参展合同一般有哪些内容应写入参展条款？

2. 常见的展台类型有哪些？

3. 简述参展商选择展品时考虑的因素。

模块二　企业参展期间营销

学习目标

1. 能明确参展人员的分类和职责。
2. 能归纳展台工作人员应具备的知识和能力。
3. 能辅助确定与培训参展人员。
4. 能简述企业参展期间观众接待工作的主要内容。
5. 能辅助吸引观众和进行现场观众接待。
6. 能与观众进行有效沟通。

情境呈现

距离上海国际广印展开幕的时间越来越近了，苏州美达广告有限公司的展前营销工作基本完成，接下来即将进入的是展中营销阶段。作为参展商，公司必须充分利用好展览会期间的短暂机会，优化参展效果。

任务一　确定与培训参展人员

任务描述

参展企业要在展会上成功吸引观众，除了出色的展台设计之外，还有一项非常重要的因素，即参展人员的素质。我是苏州美达广告有限公司人力资源部的王涛，在公司参加上海国际广印展的参展工作项目组中，辅助展台经理赵磊开展参展人员的确定和培训工作。

任务分析

参展人员的确定和培训工作关系着参展工作的成败，赵经理把这项工作的流程列出给我，如图 6-2-1 所示。

图 6-2-1　企业参展人员的确定和培训工作流程

任务实施

我来学 Let's learn

确定与培训参展人员

一、参展人员的分类

根据分类方式的不同，可以将企业的参展人员进行不同的划分。

1. 按照参展人员的职责范围划分

按照职责范围的不同，可以将参展人员分为筹备人员和展台工作人员。

筹备人员是负责参展筹备各方面工作的人员，包括联络、调研、展品、运输、设计、施工、宣传、公关、差旅等。展台工作人员是在参展过程中服务于展会现场的工作人员（包括临时招募的志愿者、翻译人员等），具体而言，有展台经理、现场接待人员、级别更高的公司管理人员、跑腿型的工作人员以及后勤服务人员。

展台经理的核心任务是维护展台工作秩序，保证展台工作效率，其直接上级是公司主管领导，直接下级包括各部门负责人、销售员、技术员、公关员、保安员、清洁工、接待员及产品演示员。无论如何，企业应授权展台经理管理所有的参展工作人员，包括级别比展台经理更高的人员。

现场接待人员是参展现场工作人员的主力军，企业的参展目标能否实现在很大程度上取决于他们的能力水平和努力程度。

2. 按照参展人员的工作性质划分

展会是企业面向客户的一个平台，为了达到业务推广的目的，不仅需要销售人员的参与，还需要产品研发、技术服务等企业其他部门人员的支持。

因此，按照工作性质进行分类，企业参展人员包括销售人员、技术人员、后勤人员。其中，销售人员负责产品的推介，技术人员负责对相关疑难问题进行解答，后勤人员负责展会的服务及管理工作等。

小贴士

关于参展人员管理工作，关键要解决的问题有：

（1）一共需要多少参展人员？

（2）谁是最能代表你的企业的人？

（3）员工的培训组织好了吗？

（4）预展的议程安排好了吗？

（5）参展人员熟悉展出的产品和服务吗？

（6）实操演练的环节安排好了吗？

（7）是否有一个技术人员能够在现场回答问题呢？

（8）着装的规则制定了吗？

（9）所有展台工作人员的胸卡准备好了吗？

（10）展台工作人员的名片准备好了吗？

（11）展出的议程拟定好了吗？

（12）谁来监督展台的安装和拆卸？

（13）参展团队知道撤展的流程吗？

二、展台工作人员应具备的知识和能力

1. 业务知识

指展台工作人员对公司产品（或服务）以及公司背景知识的熟悉程度，尤其是对本公司的新产品以及竞争对手产品的了解，同时还要清楚地知道公司参展的目标及任务。展会观众观展的重要目的是渴望见识

新产品，更进一步获得产品细节的信息。当展会现场有十分了解产品知识、能够很好地回答观众问题的展台工作人员时，展会观众就容易被打动。

2. 沟通能力

指展台工作人员在现场接触观众、与观众交流的能力，包括语言能力、衣着形象、言谈举止等多个方面。

3. 销售技巧

展会现场销售与一般情况下的销售有着很大的区别。首先，展会的参观者鱼龙混杂，必须要从大批的参观者中区分并重点跟踪潜在客户；其次，展会现场云集了众多竞争者，而观众通常都是走马观花；最后，展会销售是一种集中的、长时间的工作。所有这些问题都必须依靠展台销售人员的技巧去解决、克服。

4. 协调能力

企业参展是一项由内、外部多个组织相互协调的工作，不仅包括企业内部的多个部门，还包括企业外部的服务商、展会主办者、场馆方等。展台工作人员只有拥有良好的协调能力才能处理好不同组织间的关系，从而使参展流程得以有条不紊地进行，避免或减少意外事故的发生。

5. 技术能力

尽管不必每位展台工作人员都很懂专业技术，但现场必须有适当数量能够解决观众对产品技术疑问的工作人员。同时，展台其他人员特别是负责产品演示的人员，应该能够解答关于产品的基本技术问题。

我来试 Let's try

根据参展人员的确定和培训工作流程，我对各项具体工作内容进行了分析，如图 6-2-2 所示。

明确参展人员的职责 →

公司的每一类参展人员都有明确的职责，例如：

（1）展台经理。

① 贯彻公司的营销和市场战略，参与确定参展目标。

② 维护展台工作秩序，保证展台工作效率，而不要将主要精力放在具体的接待观众、洽谈记录等工作上。

③ 与项目经理协调相关宣传工作。

④ 与参展经理共同选择展台业务人员，并安排参展人员培训。

⑤ 负责协助、监督和管理展台工作。

⑥ 有一定的销售知识，能够更好地指导展台业务人员。

⑦ 负责安排、监督展览后续工作。

（2）展台业务人员。

① 主要工作包括接待观众、介绍产品、洽谈贸易以及签订合同。

② 展台辅助人员的职责是各司其职，以支持产品展示、宣传推广以及业务人员的销售。

↓

确定参展人员 →

公司首先确定展台工作人员数量：

36 平方米（公司展台总面积）÷ 5 平方米 = 7.2 ≈ 7 人

（国际经验表明，每一个参展工作人员可以照顾到大约5平方米的展台面积）

其次，从对产品和解决方案的知识掌握、是否乐意帮助客户、信誉三方面来考察展台工作人员。

图 6-2-2　企业参展人员确定和培训的具体工作内容(1)

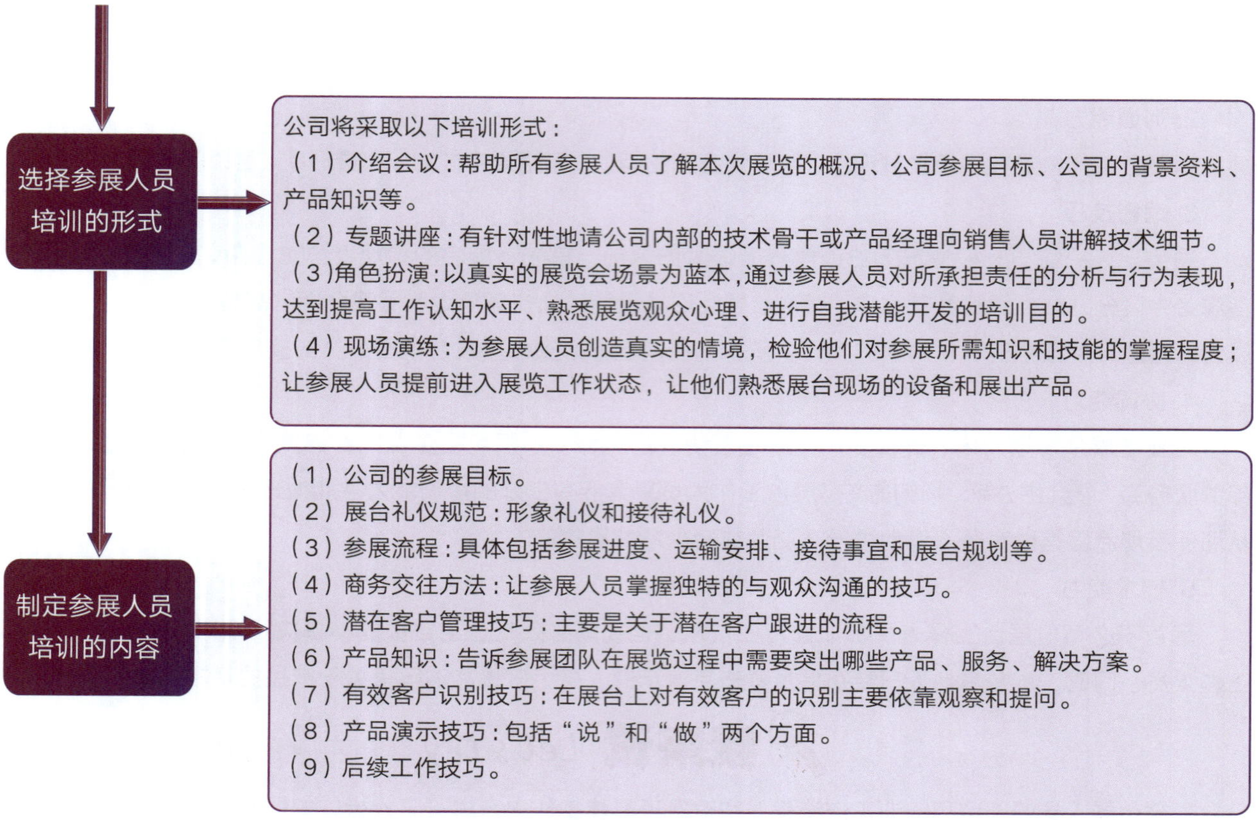

选择参展人员培训的形式
公司将采取以下培训形式：
（1）介绍会议：帮助所有参展人员了解本次展览的概况、公司参展目标、公司的背景资料、产品知识等。
（2）专题讲座：有针对性地请公司内部的技术骨干或产品经理向销售人员讲解技术细节。
（3）角色扮演：以真实的展览会场景为蓝本，通过参展人员对所承担责任的分析与行为表现，达到提高工作认知水平、熟悉展览观众心理、进行自我潜能开发的培训目的。
（4）现场演练：为参展人员创造真实的情境，检验他们对参展所需知识和技能的掌握程度；让参展人员提前进入展览工作状态，让他们熟悉展台现场的设备和展出产品。
制定参展人员培训的内容
（1）公司的参展目标。
（2）展台礼仪规范：形象礼仪和接待礼仪。
（3）参展流程：具体包括参展进度、运输安排、接待事宜和展台规划等。
（4）商务交往方法：让参展人员掌握独特的与观众沟通的技巧。
（5）潜在客户管理技巧：主要是关于潜在客户跟进的流程。
（6）产品知识：告诉参展团队在展览过程中需要突出哪些产品、服务、解决方案。
（7）有效客户识别技巧：在展台上对有效客户的识别主要依靠观察和提问。
（8）产品演示技巧：包括“说”和“做”两个方面。
（9）后续工作技巧。

图6-2-2　企业参展人员确定和培训的具体工作内容(2)

任务拓展

联系的快速五法（Connect QUICK）

营销专家 Mark S.A.Smith 认为联系的快速五法能够帮助企业在参展中取得胜利。展会上，要想接近参观者有三个先决条件：你的态度、你的亲和力和你接待顾客的主动性。

“Q-U-I-C-K”代表了如何能够快速与观众建立联系，获取有用信息的 5 个步骤，这也是充分发挥现场建立关系的方法。你要尊重观众的时间，也要把自己的时间用在最有价值的观众身上。

“Q”代表资格认定。你需要获得的最重要的信息是观众的工作性质。这让你知道该如何提问，这样才能快速地建立起与观众的关系，自然而然地在不重要的观众身上少花些时间，在有意向购买的观众身上多下工夫。

与资格认定相对应的是找到可以帮助你鉴别他们是不是合格观众的特征，当你询问他们的需求时，注意那些可能让生意不那么好做的因素。例如，如果他们说现在还没有预算，那么近期你们之间也许就无法成交。所以，不断地发现那些阻碍交易的点滴信息，一旦发现了这样的苗头，立即礼貌地停止谈话，请你的观众离开。

“U”代表理解。他们为什么会来展会？他们在寻找什么？他们想解决什么问题？他们需要满足什么样的需求？这些问题让你知道如何去帮助他们，你的秘密武器就是提问，问一大堆问题。

“I”代表识别。识别你可以怎样帮助他们。你所需要的就是发现一两个点。如果你发现什么也不能够帮助他们，那也很好，这意味着你可以不用浪费自己或是他们的时间了。

“C”代表设定一个行动计划。你和你的观众都需要知道下一步该怎么做——做一下演示，安排一个会晤，寄些文字材料或者什么也不做。这个步骤会让观众认可你的下一步销售行动。

“K”代表请他们离开。当你觉得应该结束谈话时，再次重申一下接下来的行动，甚至可以说：“对不起，我不能够帮您。”然后和观众握一下手，并且说：“感谢您的光临。”这三个动作会让你的观众离开，现在你可以自由地去接待下一位观众了。

任务检测

我来练 Let's practice

一、实训题

活动 1：

（1）将全班分成若干小组，每组 4 ~ 6 人，以小组为单位，对知行图书有限公司参展人员的确定和培训具体工作流程进行分析。

（2）各小组将活动成果制成 PPT，在班级内进行汇报和交流。

活动 2：

结合联系的快速五法，讨论企业参展人员怎样才能迅速与观众建立关系，在参展中取得胜利。

二、填空题

1. 筹备人员是负责参展筹备各方面工作的人员，包括（　　）、（　　）、展品、运输、（　　）、（　　）、（　　）、（　　）、差旅等。

2. 展台工作人员应具备的知识和能力有：（　　）、（　　）、（　　）、（　　）、（　　）。

三、简答题

1. 对企业的参展人员怎样进行分类？

2. 展台经理的工作任务有哪些？

3. 企业参展人员培训的主要内容包括哪几个方面？

任务二　吸引与接待现场观众

任务描述

我是苏州美达广告有限公司市场部的孙莹，被选定为公司在广印展的现场接待人员。在展览开幕的这一天，我们也迎来了整个展览工作中至关重要的环节——现场观众接待。

任务分析

观众接待是展台的关键工作之一，所有展览筹备工作都是为了这个环节，展览的价值也在这一环节得到实现。展台经理赵磊告诉我，现场观众的接待主要包括以下环节，如图 6-2-3 所示。

图 6-2-3　企业吸引和接待现场观众工作的主要环节

任务实施

吸引与接待现场观众一

我来学 *Let's learn*

一、观众接待

观众接待工作主要是发现新客户并与之建立联系，以及保持、巩固与老客户的联系，接待安排可以是事先预约的，也可以是随意的。最好将预约接待安排在观众较少的时间，以减少会谈时的打扰，同时也避免失去接待其他客户的机会。

接待对象可以分为重要客户、普通客户或现有客户、潜在客户等。重要客户，不论是现有的还是潜在的，可以列出名单，事先告知展台人员，如果发现重要客户前来参观，要予以特别的接待；要接待好现有的客户，维护好关系；接待潜在客户是展览会的最大优势及最大价值所在，也就是展台最重要的工作之一。

小贴士

接待潜在客户的关键是要找到对的人，然后用适当的时间去和这些人交流。时间不能过多，因为你需要接待很多人；但时间也不能太少，因为你需要和客户进行深入的沟通，获取信任以及下次会谈的机会。

二、沟通与演示的目的

沟通、演示与接待工作紧密相连，目的是让经过展台的观众了解我们的产品和服务，同时展示企业的形象。有效的演示和沟通会使潜在客户对产品产生兴趣，对公司和销售人员产生一定的信任，便于展台的销售工作人员了解客户的需求，从而为今后的联络做好铺垫。

三、吸引观众的常用方法

（一）策划特色活动

参展商利用各种方式吸引参观者的眼球，让观众在自己的展位前驻足。但策划特色活动一定要切合主题，而且目标明确、可传播性强，最大化地提升参展效果。

企业也可以选择赞助同期的某些活动或者研讨会，赞助体现了你对一个展览会的支持。赞助不仅提高了企业的知名度，同时还强调了该企业致力于该行业的发展。

（二）刊登广告

为了实现参展效果的最大化，除了拥有个性化的展台设计和精美的布置外，在展会现场做积极的宣传也可以摆脱展台固定面积的限制，时刻在众多观众面前宣传企业形象，烘托现场气氛，吸引更多的客户前来展台洽谈和采购。

1. 现场广告

参展期间，为了达到更好的宣传效果，参展商可以向主办单位申请现场广告，具体现场广告阵地标识说明及费用根据各展会主办者的要求而有所不同。

2. 其他形式广告

（1）会刊广告：可以在封面拉页、封二、扉页、封三、封底、跨页、内页整版、书签等地方刊登广告。

（2）手提袋广告。

（3）观众胸卡：将广告印制在胸卡或胸卡挂绳的某一面。

（三）发放宣传资料

一方面，资料要有针对性地散发，可以分为两类：一类是可以散发给每一个参观者的简单的、成本低的资料，包括单页和折页资料；另一类是提供给专业参观者的成套、成本高的资料，一般不宜当场提供，最好是展览会后邮寄给客户。

另一方面，应注意资料的摆放位置，并控制好资料的发放。供散发的资料最好放在参观者方便拿取的地方，一般不要对称摆放或摆放成规整的几何图案，以免观众误认为是展示品而不领取。可以使用资料架（台），但不能影响正常的展台接待工作，也不要影响观众行走；资料不宜大量堆放，而要均匀散发，可以由展台工作人员直接散发或少量地放置在展台上，并不断地添加，以免滥发造成浪费。另外，散发的资料要有数量控制，以便整个展览期间都能正常提供资料。

（四）举办新闻发布会

与媒体的有效沟通也是成功参展的因素之一，特别是当展商希望介绍其革新成果或发起有趣的话题时，展商可以把他们的新闻稿放在展场里的“新闻中心”或“媒体中心”。

新闻发布会可以直接在展台里举行，也可以在会展中心租用一个房间来举行；如果有必要的话，也可在展馆以外的场地进行。

（五）参加评奖或比赛

有些展览会的组织机构会在展览同期举办评奖或比赛活动，评奖活动一般具有很高的权威性和规范性。企业应挑选适合自己的评奖或比赛活动来参加。

（六）礼品促销

人们的记忆是短暂的，尤其是对枯燥的文字，而对色彩、形状以及有形实物，则会印象深刻，所以参展企业一般会在目标客户光临展台时，向他们赠送精美有趣的小礼品。

吸引与接待现场观众二

四、影响有效沟通的主要因素

从展会的角度来看，有效沟通就是营销人员在展会上与潜在客户保持联系，及时把企业的产品介绍给客户的一种有效的方式。影响有效沟通的主要因素有以下几方面。

1. 展台及布局

沟通双方的实体距离及心理上的距离将影响沟通的效果。结构上的设计会影响实体或心理上的沟通，以及沟通双方的互动。在展台上，与参观者沟通并传递信息给他们是参展商主要关注的事项。因此，展台的设计对展示产品和信息的选择、对参展员工的组织和资格核定等都是非常重要的。

小贴士

未来的展览会上，评价一个展台是否成功的标准不是看它是不是很华丽、奢侈，而是看它的沟通能力，它所表达的概念以及展台所确定的功能性和展品本身的内涵。

2. 工作人员

按照普遍规律，展会上 80% 的观众是具有“购买力”的——这意味着他们有权替公司采购或对公司采购决策有直接影响。因此，展台工作人员应该将每位前来参观展位的人都视为潜在新客户。

也有调查显示，展会 94% 的购买者对同类产品进行比较，有时只是为了确保他们能购买到最好的产品。因此展台工作人员必须充分了解产品，并且态度要友好，介绍尽量能使客户满意。在展览会期间，每个工作人员都应把自己视为公司的唯一代表，做到万无一失。

3. 潜在客户

由于展会云集了同一个行业内许多相互竞争的公司，观众可在短时间内轻易地对多种产品和多家供应商进行比较。应当事先了解哪些客户会前来参展，并计划预留时间在晚间举办的社交会见活动中与他们展开交流，了解他们是否有任何特殊要求或与产品相关的疑问，并当场安排合适的职员为其释疑。不要忽视这些重要的客户活动，否则只会让竞争对手逮住机会。

4. 沟通方式

心理研究表明，人们所接收的外部信息中，有 87% 是通过他们的眼睛接收的，只有 13% 的信息是通过其他四种感官接收的。因此，销售人员应该使产品介绍最大限度地可视化，这可以通过产品演示来实现。只有真正打动客户的心，才能刺激顾客的购买欲望。

除此之外，在展台上的多数时间，工作人员和客户都是进行语言上的交流的。工作人员应该通过询问和聆听的交替进行来了解客户的需求，并且根据需求给出相应的解决方案，而不是一味地去描述产品的特性。此外，人们在沟通时易于记住刚开始和最后发生的事情，所以在销售人员的口头沟通中，还应注意开始时的礼貌寒暄和最后的结束语。

最后，在沟通过程中，选择不适当的时间、地点等，都会直接影响到信息的传送。另外，竞争对手对于客户的影响，也是至关重要的一项因素。

我来试 Let's try

我对苏州美达广告有限公司参加广印展期间，吸引和接待观众工作的各项具体内容进行了分析，如图 6-2-4 所示。

吸引观众

公司将采取下列方法吸引观众：

（1）策划小型的特色活动。

（2）印有公司 Logo、名称及广告的手提袋。

（3）发放宣传资料（包含公司介绍、产品目录、产品说明、服务说明、展出介绍价格单以及展台工作人员的名片等）。

（4）参加 2018“APPPEXPO 杯”中国广告匠心工艺大赛。

（5）派送小礼品（礼品上印制公司 Logo、名称、电话号码等信息；礼品与公司的产品相关联；礼品既实用又有创意，体现公司风格和定位）。

沟通与演示

公司应该为技术类参观者、管理类参观者、私有 / 公共领域参观者、媒体参观者这四类参观群体准备合适的信息资料。如：制作精美的小册子、产品及技术信息、报价单、新闻稿等。

在展览会上，展品的演示人员需注意：

① 应非常熟悉产品并熟练地进行演示。②演示的重点在于产品的特性及带给客户的帮助。

③ 最好能让观众参与到你的演示中。

客户洽谈

重要内容之一是宣传和推广企业的产品和服务以及树立品牌形象。

对新客户的大宗买卖以及投资项目要谨慎，避免当场签约，任何决定都必须在彻底了解客户的需求之后做出，即使报价等条件再有利，也需要保持慎重的态度。

整理客户线索

公司整理客户线索的第一步是记录，可采用收集名片、填写表格、电子录入的记录方式。

第二步是对客户的资料进行分类整理，为潜在客户的评估打下基础。

图 6-2-4　企业吸引和接待现场观众工作的具体内容

任务拓展

与买家有效沟通的常用技巧

展会中和客户的有效沟通非常重要，既要保证沟通的内容有意义，又要创造愉快的沟通过程。通过展会上短暂的沟通，力求在双方之间建立信任，以便采取进一步的行动。展台工作人员在沟通中应遵循“3P”原则，即 Positive（自信），Personal（个性），Pertinent（中肯）。谈吐自信，就是要让参观者充分了解公司及产品的品牌和优势，积极地进行自我肯定；突出个性，就是要把自己公司及产品与众不同的特点展示出来，强调公司的专业与能力；语气中肯，就是宣传要实事求是，不要言过其实，夸夸其谈。可见，和客户的沟通，关键在于抓住客户的需求，引起客户的兴趣，这就需要展台工作人员掌握良好的沟通技巧。

1. 积极提问、仔细倾听

展览会的买家通常来自四面八方，他们对于产品的要求往往不一样，有的关心价格，有的关心质量，有的关心服务。要通过询问来判断客户身份，了解客户需求，只有理解了客户之后，才能更好地回应他。

此外，在和客户进行深入沟通之前，还应该了解客户的背景，包括地区、供应记录等信息。调查客户的地区非常重要，一方面，来自不同地区的客户要求可能是不相同；另一方面，通过与客户交谈他所在地区熟悉的事情，能够让他产生认同感，容易迅速产生好感，就更有兴趣沟通。通过了解客户的供应记录可以判断其对当前产品市场的认知程度，从而开展针对性的介绍。

2. 注意与客户沟通的语言

在展会上应该使用礼貌、热忱和积极的语言来吸引客户。无论是熟悉的客户还是新来的客户，都要主动打招呼，礼貌问候，以便让客户感受到你的热情；对客户提出的问题要做出准确而迅速的回答。如果客户问到不属于你责任范围的事情或者提出你不能解决的问题，都应采取积极帮助客户的姿态。

切忌在双方热烈讨论某一问题时，突然将对话结束，这是一种失礼的表现。要把时间掌握得恰到好处，在准备结束谈话之前，先预定一段较短的时间，以便从容地停止。笑容是结束谈话的最佳句号，因为最后的印象，往往也是最深的印象，可以长期留在双方的脑海之中。

营销人员应充分了解人性的特点并把它们融入营销语言之中。展会上，大多数客户会通过与参展营销人员的交谈，以及对环境和营销人员的言行举止的观察来判断自己是否应该做出购买决定。

3. 朋友第一、生意第二

从营销人员见到客户，到同客户交谈，要始终把握住一点，那就是让客户感觉到你想和他做朋友，而不是你想和他做生意。当自己与客户的私交建立起来，彼此的信任感也就随之产生。因此，今后的业务往来也就接踵而至。

急于想拿到订单、打开业务局面的新人，往往会因为自己急于做成订单，而让自己处于被动，从而负担很多不该负担的“费用”或者多做很多额外功课。因此，在展会上要促成的不是当下的业务订单，而要做到与客户做“朋友”。当然，这需要经过很多次同客户的“博弈”才能做好。

任务检测

我来练 Let's practice

一、实训题

活动 1：

（1）将全班分成若干小组，每组 4 ~ 6 人，以小组为单位，对知行图书有限公司在参加图书展期间的吸引和接待观众工作主要内容进行具体分析。

（2）各小组将活动成果制成 PPT，在班级内进行汇报和交流。

活动 2：

结合与买家有效沟通的常用技巧，讨论企业展台工作人员在展会中与客户沟通的艺术。

二、填空题

1. 展会现场的接待对象可以分为（ ）、（ ）、（ ）、（ ）等。

2. 参展期间，为了达到更好的宣传效果，参展商可以向主办单位申请现场广告，还可以刊登（ ）、（ ）、（ ）等其他形式的广告。

三、简答题

1. 展会现场观众接待有什么作用？

2. 参展商吸引观众的常用方法有哪些？

3. 影响展会现场的展台工作人员与观众有效沟通的主要因素是什么？

模块三　企业参展后营销

学习目标

1. 能明确展后客户资料整理与分析的目的与作用。
2. 能归纳展后客户资料整理与分析的对象。
3. 能列出常见的展后客户跟进方式与渠道。
4. 能辅助开展展后客户的分类与甄别。
5. 能辅助制定展后客户跟进策略。

情境呈现

2018 年上海国际广印展顺利闭幕了，苏州美达广告有限公司也圆满完成了企业的展前筹备和展会期间的各项工作。然而展览会的结束并不意味着参展营销工作的结束，参展归来后市场部工作人员还有大量后续工作要开展。

任务描述

我是公司市场部的营销助理孙莹。作为上海国际广印展的参展人员之一，我发现展会结束后，部门工作并没有因此变得轻松，反而更加忙碌起来。参展经理高博在参展人员工作会议中指出，展览会结束只是企业参展工作的一个新起点。展出结束后还有许多工作要做，其中，客户分析与跟进是重中之重。

任务分析

由于展览会现场观众众多，洽谈时间也相对有限，展会现场工作结束后，公司需要花更多的时间对此次参展所获得的各种资讯加以整理和分析，以巩固及扩大参展成果。高经理给我画出了展后客户分析与跟进工作流程，如图 6-3-1 所示。

图 6-3-1　展后客户分析与跟进工作流程

任务实施

我来学 Let's learn

分析与跟进展后客户一

一、展后客户分析与跟进的主要目的

作为参展商巩固参展效果的重要阶段，客户分析与跟进的主要目的有：

（1）对参展效果进行初步评价。

（2）对所获客户信息进行分类。

（3）为后期客户跟进提供策略。

（4）为未来参展决策提供依据。

二、展后客户分析与跟进的主要功能

1. 筛选资讯，以获得有价值的信息

对于参展企业而言，客户信息就意味着商机，然而，过多的信息也会成为效率低下的直接原因。为此，参展企业应该在展会结束后及时对所获得的信息进行处理，并筛选出有效的客户信息，这是参展企业较其竞争对手获得市场先机的关键步骤。

2. 对客户进行分类，发掘潜力买家

不同客户对企业的贡献率是不同的，有效管理客户特别是有价值的客户是企业获得成功的重要保证之一。对于不同贡献率的客户，企业投入的精力也会有较大的差异。因此，对客户的甄别就成为企业在开展业务活动前的重要工作。

小贴士

在实际工作中，可根据展会上与客户谈判的过程及结果，将客户分为正式客户、潜在客户和无效客户。其中，正式客户是指老客户；潜在客户指对产品有明确订购意向，只需进一步跟进，确定一些细节即可订货的客户；无效客户指仅在展会留下名片，没有进行过交流，且对方仅是收集一些资料的客户。

3. 维护客户关系，制定市场应对策略

客户关系维护是一个长期的过程，在日益激烈的市场竞争中，客户的流失率居高不下是企业面临的重大挑战。一般而言，发掘一个新客户的成本是维护一个老客户成本的 9 倍以上。所以，企业不能只顾埋头发掘新客户，更加现实的问题是如何做好客户的维护工作，降低客户的流失率。通过客户数据的分析及跟进，参展企业能够更加具体地了解到客户的需求，并有针对性地采取策略。

4. 跟进客户，支持参展总结与决策

展览会的价值体现于参展商或观众的质量，从参展企业的角度来看，当面临众多的展会以供选择时，如何选择合适的展会以及如何组织参展就成为关键。

通常情况下，参展决策与企业过去的参展经历有着较为密切的关系，尤其是当展览会数量繁多、鱼龙混杂时，借鉴以往的参展经验成为参展商参展决策的主要依据。客户分析与跟进是参展商全面评价此次参

展收获的方法之一。通过对客户价值的分析，参展商不仅可以对自身参展筹备工作进行评价，同时，还可借此信息来判断展会的价值含量，从而为未来的参展决策提供依据。

三、展后客户的类型划分

1. 从观众的身份角度进行分类

所谓观众的身份包括两个方面的含义，一是指观众所从事的行业或工作与参展企业间的关系，二是指观众自身在其企业内部的身份与地位。按照观众所从事的行业与参展企业之间的关系，可以将展览会的观众分成四大类，即同业竞争者、中间代理商、终端消费者以及一般观众。

2. 从客户的行为特征角度进行分类

客户在参观时的行为特点能够在一定程度上表现出其内心世界。因此，参展企业在参展过程中应该认真观察参观者的行为特征并将其记录在案，以方便展会后期对客户进行分析与跟进。按照观众在现场与工作人员进行交流和洽谈的方式，参展企业可以将客户分为五类，即仅仅观看的客户，只留下名片的客户，交谈过的客户，表现出兴趣并索取报价的客户，表示要订货并开始谈判的客户。

3. 从客户价值的角度分类

通常，客户的价值是最具有意义的分类尺度。在某些行业内，会按照客户价值的大小，将客户划分为最高价值客户、最高潜质客户以及没有价值的客户。

在展览行业，最高价值客户主要指那些具有很高知名度和行业影响力的大型采购及供货商。最高潜质客户是指有潜力发展为知名度高、行业影响力大、经济效益好的企业。没有价值的客户则是指无法为会展活动及参展企业带来信息或者经济效益的市场主体。

小贴士

通常可以利用80/20的原则来判断客户的价值，如果20%的客户带来80%的利润，那么这20%的客户就是本企业最具价值的客户。

4. 从客户的观展过程角度来分类

按照其观展的行为以及与参展企业交往的频率，可以将客户分为第一次观展接触的客户、重复观展接触的客户和频繁观展接触的客户三类。其中，第一次观展的客户是参展商重点争取的对象，但要获得这样的客源，需要付出较高的客户运营与维护成本。重复观展的客户相对较为容易进行沟通与交流，且易于达成相关的协议。对于频繁观展的客户而言，参展企业应该注意与其长期合作的价值与意愿。

四、常见的展后客户跟进方式与渠道

（一）低参与度的信息跟进

主要指在客户的维系与管理过程中，不需要客户进行相应的回复及反应，对于客户的正常工作与生活干扰较小的方式，常见的有直接邮寄、图文传真、短信平台、网络资讯平台等。

分析与跟进展后客户二

1. 直接邮寄跟进

寄送邮件，就是以实物为代表跟客户进行接触。直接邮寄是较为传统的客户跟进手段与渠道，但是其地位直到目前仍然无法被取代。参展企业在进行客户维护时，邮递的内容可以包括更加详细的企业资料、产品信息、产品的样品以及贺卡、生日卡、祝福卡、小礼物活动邀请函、参观券等。这些物品都能帮助客户更进一步了解参展企业的具体情况，有助于建立信任关系。

2. 图文传真跟进

利用传真进行客户跟进也不失为一种好方法。图文传真在商务领域内的应用十分普及，其信息传递效率较高，能够实现个性化定制，并且对于技术及设备要求不高，只要拥有传真设备就可以实现信息的互动与交流。

小贴士

在参展企业展后的客户跟进过程中，使用图文传真方式需要注意以下几个方面：

第一，准备图文传真相关资料时，要注重资讯的完整性与清晰性。

第二，在实施图文传真过程中，应表现出良好的专业素养，为后期的互动环节做好准备。

3. 短信平台跟进

在准确掌握客户信息的基础上，短信平台跟进的有效性很高，即一般都保证客户能收到相关资讯。利用短信平台进行信息发布及客户管理具有高效、经济、覆盖面广等特点。但是若使用不当，也会造成客户反感及投诉，因此要掌握好“度”，不宜太过频繁。

对于参展企业的商务活动而言，短信平台的客户跟进与维护方式只能在特定的情形下使用。一般来说，短信平台仅用于普通信息的发布以增强客户对该企业的好感度及忠诚度。因此，该客户跟进的方式较为适用于已经成为企业合作伙伴的客户。

4. 网络平台跟进

网络平台的客户跟进具有信息量大、形式丰富以及目的性强等特点，适合根据客户的个性化要求进行信息定制。跟进的方式主要有三类：一是构建完善的服务平台，为潜在客户提供较为充分的信息及服务；二是借助电子邮件系统主动与客户进行联系，由于电子邮件可以采用多媒体技术，能够将与企业或产品有关的文字、图片、动画、视频等要素展示于客户面前，十分快捷且成本低廉；三是日新月异的社交媒体工具，如微信朋友圈等。

（二）中参与度的信息跟进

主要指在客户的维护过程中，对其正常的工作有一定的影响，但是影响程度相对较低。因此，采用该类客户维护方式时，需要经过充分的准备，较为常见的跟进方式主要为电话回访。

（三）高参与度的直接跟进

主要指与顾客面对面交流的方式，例如登门拜访等。在参展商的客户关系管理工作中，登门拜访是较为正式也是成功率相对较高的一种客户跟进办法。但登门拜访的成本相对比较昂贵，且较为耗时。此外，登门拜访通常需要有事先的沟通作为基础。因此，比较适合相互之间有一定了解的客户。尽管直接跟进的方式在成本方面需要较大的投入，但该方式能够有效地了解客户需求并且能够通过观察获得更多的客户相关信息，可谓大投入，大产出。

我来试 Let's try

我对苏州美达广告有限公司参加广印展后的客户分析与跟进工作进行了具体分析，如图 6-3-2 所示。

整理客户数据与建立数据库

（1）公司将广印展中搜集的所有客户信息都按照企业所需加以整理并输入客户数据库，主动建设一套完整的客户信息数据库。

（2）作为参展后续跟进工作的基础，客户数据的整理与分析工作应该尽快完成。由于公司要在展会结束后一周内就开始联络有意向的买家，专业观众信息的分类与整理工作应在展会结束后 3 天内完成。

（3）公司的客户邀约跟进记录表主要用于重点邀约目标的跟进记录、总结和分析，如表 6-3-1 所示。

分类与甄别客户

客户的分类与甄别即从海量观众数据中，借助一定的方法找出具有发展潜力客户的过程。公司首先应将观众按照其行业属性分为经销商、同行企业、行业人士等类型，并对经销商按区域进行分类整理。此外，还需要按照客户的价值高低进行识别和分类整理。按照客户的重要程度，公司将客户分为老客户、重要客户、一般性客户及其他客户。

制定客户跟进策略

为了真正达到参展的目的，公司在展览结束后，制定出针对性的跟进策略如下。

（1）在给客户发邮件之前，查看客户网站，了解客户大致的经营范围、历史、规模等信息，有利于后续推荐产品和维护关系。

（2）老客户返单：因为客户感兴趣的供应商肯定不止一家，所以展后一定要及时做好采购订单发给老客户，促使客户将某个品项的采购计划确定下来，而不再考虑其他供应商的此类产品。

（3）重要客户优先处理：由于此类客户极有可能就是近期会有订单的客户，给他们发邮件和报价比老客户还重要。此类客户在报价后如果没有回复，应立即追发邮件。一天追发两封，引起客户的重视。超过 2 天没回复，一定要电话跟进，这样才能清楚客户的想法，以免丢失潜在订单。

（4）对于所有有回复的客户，都予以同等重视。特别是在客户跟进开发过程中，客户提到需要的某些款式、目标价、采购数量等，公司都要在最短时间内回复处理。

实施客户跟进策略

依照参展企业与客户的相互关系发展阶段，公司在深入了解阶段的客户跟进策略组合为人性化策略组合，需注重：

（1）了解的方式注重直观性，主要策略是寄送样品、邀请潜在客户进行商务访问等。

（2）了解的时间注重方便性，展后跟踪安排在展后一周到两周之内，并且尽量选择工作日中的非繁忙时段，即周二至周四期间。

（3）了解的内容强调亲情化，尽管展后客户的跟进是参展企业的商务活动，在增进双方了解时，还需要注重利用情意和诚意来打动客户。

图 6-3-2　企业展后客户分析与跟进工作具体内容

表 6-3-1 客户邀约跟进记录表

第　次跟进

填表日期：　年　月　日　　　　No.：

<table>
<tr><td>姓名</td><td></td><td>性别</td><td></td><td>年龄</td><td></td><td>电话</td><td></td></tr>
<tr><td>时间</td><td colspan="5">月　日 ____ 时— ____ 时</td><td colspan="2"></td></tr>
<tr><td>过程记录</td><td colspan="7"></td></tr>
<tr><td>提出的疑问</td><td colspan="7"></td></tr>
<tr><td>不满意解答及原因</td><td colspan="7"></td></tr>
<tr><td>其他情况</td><td colspan="7"></td></tr>
<tr><td rowspan="2">本次邀约跟进总结</td><td>满意之处</td><td colspan="6"></td></tr>
<tr><td>不足之处（待改进）</td><td colspan="6"></td></tr>
<tr><td>下次邀约跟进计划</td><td colspan="7"></td></tr>
</table>

任务拓展

客户跟进模式的创新

世界经济正步入客户服务时代。为此，客户管理与跟进的领域内也产生了较多的创新与发展。其中，受到广泛关注的便是 CRM（客户关系管理）的应用，它更加侧重于企业运营理念及资源的整合。

一、CRM 的概念与内涵

CRM 是利用现代化的技术手段，使客户、竞争、品牌等要素协调运作并实现整体优化的自动化管理系统。而 CRM 的产生则主要是以市场需求及管理观念的更新、企业管理模式的转变以及电子化信息技术的广泛应用为背景。正是由于该系统以现代信息技术为基础，以提升企业综合竞争实力为目标，因而受到越来越多企业的重视。目前，对于 CRM 的概念及内涵，常见的有两种理解：其一是从管理观念的角度来理解；其二是从系统及技术的角度来理解。

所谓管理观念层面的 CRM，是指实施以客户为导向的企业管理及发展战略，并在此框架下形成相应的客户导向的管理机制。例如，参展企业在战略目标制定时，要明确改进客户服务水平、提高客户忠诚度等内容，并在实际的管理过程中，通过业务流程的全面管理来优化资源配置，进而提升客户满意度。可见，观念层面的 CRM 主要提出一种企业管理与治理的模式与思想。

而从系统及技术角度理解的 CRM 则是指通过技术投资，建立起一套具备搜集、跟踪以及分析客户信息数据的系统，并开创新型的客户关联渠道。如自动化销售、客户呼叫中心等。可见，系统技术的 CRM 更多偏重于硬件及软件的开发及应用。

对参展企业而言，CRM 具有较高的理论指导及实用价值，体现在以下三个方面：

第一，进一步强调及提升客户导向观念。作为参展企业，参展的重要目的之一在于与展览中的客户进行交流，寻求合作的机会。因此，参展的过程实际上就是参展企业判断、选择、争取、发展以及保持客户的过程。既然如此，参展企业以及参展的相关人员就必须要在观念上突破传统的行政或职能管理的框架限制，重新构建客户导向的内部管理机制和商业模式。

第二，促进企业形成新的商业运作模式。虽然企业参展的人员及部门有限，但是参展工作牵涉的部门却十分广泛。参展企业的客户维护不仅要求参展人员树立客户导向的观念，更需要参展企业从根本上建立一种新型的商务模式，将企业的市场竞争、销售与支持、客户服务等工作环节有机地联系在一起，从而打造企业的综合竞争优势，更好地为吸引及维系客户提供支持。

第三，利用新兴技术提升管理效率。就参展企业而言，CRM 作为 IT 业内的一个名词，也在一定程度上告知企业，信息时代下的客户导向并非完全依靠观念，技术与信息系统同样必不可少，这些技术与信息系统是客户导向思想的实现工具。为此，参展企业在自身发展方面，应该努力借助技术手段提升竞争力。如实现企业的信息化管理、构建精确描绘客户关系的数据库，尽力整合营销、客户服务、技术支持、数据库等功能模块。

二、CRM 的基本架构

作为系统化和技术化的 CRM，其构成可以分为四个部分，分别为业务操作管理系统、客户合作管理系统、数据分析管理系统以及信息技术管理系统。

所谓业务操作管理系统，主要是将参展企业的市场营销、销售以及客户服务等工作利用信息系统进行整合。客户合作管理系统则主要针对企业与客户接触的各环节，包括对客户信息获取、传递、共享、使用以及客户管理的渠道等进行信息化管理。数据分析管理系统的主要功能是向企业提供经营决策的相关支持，而信息技术管理系统则是主要针对 CRM 的硬件设备、系统软件以及应用软件的管理。

在信息时代中，随着互联网的日渐普及以及企业信息化建设的不断深入，CRM 能够帮助企业更好地整合资源，特别是整合客户信息资源并以此为核心进行企业业务流程的重新设计与优化，最终提升企业的竞争实力。

任务检测

我来练 Let's practice

一、实训题

活动 1：

（1）将全班分成若干小组，每组 4 ~ 6 人，以小组为单位，对参加图书展后的知行图书有限公司客户分析与跟进工作进行具体分析。

（2）各小组将活动成果制成 PPT，在班级内进行汇报和交流。

活动 2：

结合客户跟进模式的创新与发展，谈谈 CRM 对参展企业的重要应用价值。

二、填空题

1. 所谓观众的身份包括两个方面的含义，一是指观众（　　）与参展企业间的关系，二是指观众自身在其企业内部的（　　）。

2. 展后客户的类型可以分别从（　　）角度、（　　）角度、（　　）角度、（　　）角度进行划分。

3.CRM 是利用现代化的技术手段，使客户、（　　）、（　　）等要素协调运作并实现（　　）的（　　）管理系统。作为系统化和技术化的 CRM，其构成可以分为四个部分，分别为（　　）管理系统、（　　）管理系统、（　　）管理系统以及（　　）管理系统。

三、简答题

1. 展后客户分析与跟进的主要目的是什么？

2. 展后客户分析与跟进的主要功能有哪些？

3. 列举常见的展后客户跟进方式与渠道。

参考文献

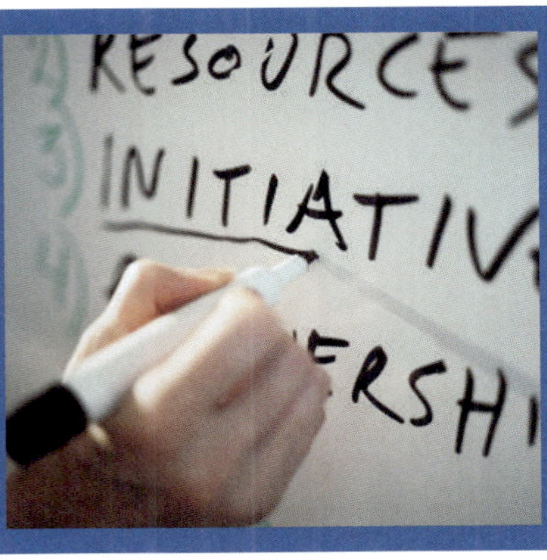

[1] 王春雷. 会展市场营销 [M]. 北京：旅游教育出版社，2007.

[2] 张润琴. 会展营销 [M]. 北京：中国财政经济出版社，2008.

[3] 王春雷，梁圣蓉. 会展与节事营销 [M]. 北京：中国旅游出版社，2010.

[4] 符蕾，崔建生. 会展营销 [M]. 北京：化学工业出版社，2011.

[5] 肖温雅. 会展营销实务 [M]. 北京：机械工业出版社，2014.

[6] 杨顺勇，丁萍萍. 会展营销 [M]. 北京：化学工业出版社，2014.

[7] 王春雷. 参展管理：从战略到评估 [M]. 武汉：华中科技大学出版社，2016.

附录：

《会展营销实务》动画微课二维码目录

二维码图片	动画微课名称	页码
	展览会开幕式策划	79
	展览会招展	83
	展览会招商	88
	项目四　节事营销	
	认识节事	95
	拟写美食节活动策划方案	99
	设计美食节活动宣传资料	105
	分析美食节营销策略	110
	项目五　场地营销	
	认识会议场地	118
	分析上海国际会议中心营销策略	124
	认识展览场地	131
	分析上海新国际博览中心营销策略	138
	项目六　企业参展营销	
	展前观众邀请与宣传	147
	怎样成功开展电话邀请	151
	参展筹备与组织工作	153
	展台知识知多少	154
	确定与培训参展人员	162
	吸引与接待现场观众一	166

二维码图片	动画微课名称	页码
	吸引与接待现场观众二	168
	分析与跟进展后客户一	173
	分析与跟进展后客户二	174

二维码使用说明：

打开手机微信，使用“扫一扫”功能，扫描教材页面上的二维码图片，即可在线观看相应的微课视频。

（安卓手机：扫描后需将生成的网址链接复制到手机浏览器，下载视频后播放。）